Friedrich Eich

**In welchem Lokale stand Luther zu Worms vor Kaiser und Reich?**

Zur Widerlegung und Beleuchtung der Schriftrathhaus oder Bischofshof?

Friedrich Eich

**In welchem Lokale stand Luther zu Worms vor Kaiser und Reich?**
*Zur Widerlegung und Beleuchtung der Schriftrathhaus oder Bischofshof?*

ISBN/EAN: 9783743645271

Hergestellt in Europa, USA, Kanada, Australien, Japan

Cover: Foto ©ninafisch / pixelio.de

Weitere Bücher finden Sie auf **www.hansebooks.com**

# In welchem Locale

## stand Luther zu Worms vor Kaiser und Reich?

Zur Widerlegung und Beleuchtung der Schrift:

«Rathhaus oder Bischofshof?»

Im Namen des Ausschusses des Luther=Denkmal=Vereins

herausgegeben

von

Dr. Friedrich Eich,

Vicepräsident des Vereins.

Nebst einem lithographirten Grundriß der Stadt Worms.

Der Ertrag ist für das Luther=Denkmal bestimmt.

Leipzig:
In Commission bei F. A. Brockhaus.
1863.

# Einleitung.

Am 24. December 1862 sah sich der Ausschuß des Luther-Denkmal-Vereins veranlaßt, an die Freunde dieser protestantischen Angelegenheit in den einzelnen Ländern Deutschlands die nachstehende vorläufige Benachrichtigung gelangen zu lassen:

„Es wird soeben eine von dem Gerichtsaccessisten J. Hohenreuther dahier verfaßte, von J. D. Sauerländer in Frankfurt a. M. gedruckte Schrift, betitelt: «**Rathhaus oder Bischofshof?**» verbreitet, in welcher die in unserm letzten Jahresbericht angeführte Thatsache, daß der Hehl'sche Garten, auf dessen Grund und Boden einst der Bischofshof gestanden, nach unanfechtbaren Zeugnissen die classische Stätte sei, wo Luther am 17. und 18. April 1521 vor der Reichsversammlung erschien, als eine «Streitfrage» hingestellt und, angeblich aus Quellen der Geschichte, zu beweisen versucht wird, daß Luther auf dem Bürgerhof und nicht auf dem Bischofshof vor Kaiser und Reich gestanden, und daß demnach ersterer und nicht der Hehl'sche Garten als der historische Platz zu betrachten sei, wo Luther sein weltbewegendes Wort ausgesprochen habe.

„Es ist zwar keine erfreuliche Erscheinung, nach so vielen Mühen und Kämpfen, die wir für dieses Unternehmen während unserer sechsjährigen Thätigkeit schon zu bestehen hatten, nun auch noch zum Schutze der historischen Wahrheit, die hier angetastet wird, in die Schranken treten zu müssen; allein wir scheuen auch diesen Kampf nicht, und die Wahrheit kann dabei schließlich nur gewinnen.

„Wir ersuchen daher die Freunde dieser protestantischen Angelegenheit, sich nicht durch diese Hohenreuther'sche Streitschrift, welche auf Bestellung und für Rechnung des Hauses Cornelius Hehl dahier geschrieben und gedruckt wurde, in ihrem Urtheile bestimmen zu lassen, sondern das Erscheinen unserer Gegenschrift abzuwarten, welche wahrscheinlich schon mit unserm sechsten Jahresberichte versendet werden wird."

Indem wir die angekündigte Gegenschrift hiermit der Oeffentlichkeit übergeben, haben wir nur wenige Worte vorauszuschicken.

Wir haben uns bemüht, den Gegenstand mit möglichster Gründlichkeit zu behandeln und uns zu diesem Zweck folgende vier Fragen zur Beantwortung vorgelegt:

I. Wo wurden in Worms jederzeit die Reichsversammlungen abgehalten?

II. In welchem Locale hat Luther am 17. und 18. April 1521 vor Kaiser und Reich gestanden?

III. Welche Phasen hat die Frage: in welchem Locale Luther vor Kaiser und Reich gestanden? seit dem Ende des sechzehnten bis um die Mitte des neunzehnten Jahrhunderts durchlaufen?

IV. Welche Beweise hat Herr Hohenreuther für seine Behauptung erbracht, daß Luther nicht in der Wohnung des Kaisers im bischöflichen Palaste, sondern im Bürgerhof vor der Reichsversammlung sich verantwortet habe?

Indem wir diese Fragen mit strengster Gewissenhaftigkeit unter Bezugnahme auf die vorhandenen Quellen beantworteten, glauben wir den unwiderleglichen Beweis erbracht zu haben, daß Luther's Verhör am 17. und 18. April nirgends anders als in des Kaisers Hof im bischöflichen Palaste stattgefunden hat. Unser Gegner hat uns beschuldigt, wir hätten in unserm fünften

Jahresberichte „Geſchichte gemacht"; wir hätten das Publikum bis weit über die Grenzen Deutſchlands hinaus „in Aufruhr verſetzt", dadurch, daß wir irrthümlich den Heyl'ſchen Garten für den hiſtoriſchen Platz, auf welchem Luther ſein weltbewegendes Wort ausgeſprochen habe, ausgegeben hätten. Wir haben die Acten, welche zur Beurtheilung der Frage erforderlich ſind, dem Leſer vollſtändig vor die Augen gelegt. Wir haben die quellenmäßigen Beweisſtellen, da wo ſie in der Schrift: „Rathhaus oder Biſchofshof?" gefälſcht, verſtümmelt, verſchwiegen oder aus ihrem natürlichen Zuſammenhange geriſſen waren, in ihrer Reinheit, Vollſtändigkeit und richtigen Verbindung wiederhergeſtellt. Das Publikum wird nun als unparteiiſcher Richter im Stande ſein, ſein Urtheil darüber abzugeben, wer Geſchichte gemacht hat, und auf welcher Seite das redliche Streben, der Wahrheit die Ehre zu geben, gefunden wird.

Wird auch der Beweis, daß der Heyl'ſche Garten, ungeachtet der Hohenreuther'ſchen Anfechtungen, dennoch die claſſiſche Stätte iſt, auf welcher Luther vor Kaiſer und Reich geſtanden, einen praktiſchen Nutzen nicht mehr haben; wird auch das Luther-Denkmal, wie nun entſchieden iſt, nicht auf den hiſtoriſchen Boden des ehemaligen Biſchofshofs zu ſtehen kommen, ſo wird doch die geſchichtliche Wahrheit die Oberhand behalten, und noch nach Jahrhunderten wird man dem Fremden, der unſere Stadt beſucht, mit vollſter Beſtimmtheit ſagen können: „Dort unten ſteht das Denkmal Luther's, allein dort oben hat er ſein weltbewegendes Wort geſprochen."

Zum Schluſſe ſagen wir noch den geehrten Männern, welche uns verſchiedene, zur Ermittelung der Wahrheit unentbehrliche Urkunden ſo bereitwillig zur Verfügung geſtellt haben, unſern aufrichtigſten Dank. Ganz beſonders aber ſind wir dem Herrn Profeſſor Dr. Arnold in Baſel, der ſich durch ſeine Verfaſſungsgeſchichte der Stadt Worms und durch die Herausgabe der Zorn-Flersheim'ſchen Chronik um die Geſchichte unſerer Stadt ſchon ſo ſehr verdient gemacht hat, dafür zu Dank verpflichtet, daß er ſo freundlich war, in einem ausführlichen Schreiben ſeine Anſicht über dieſe ſogenannte Streitfrage auszusprechen und uns zu ermächtigen, von demselben beliebigen Gebrauch zu machen. Wir glauben den Lesern dieser Schrift eine sehr willkommene Beigabe zu liefern, wenn wir in einem Nachtrage die wichtigsten Bemerkungen aus dem Schreiben dieses anerkannten Geschichtsforschers mittheilen.

Auch von Herrn Professor Dr. Leopold Ranke in Berlin, dem wir die Streitfrage: „ob Rathhaus oder Bischofshof?" ebenfalls zur gutachtlichen Aeußerung vorgelegt hatten, erhielten wir, nachdem unser Manuscript bereits an die Druckerei in Leipzig abgegangen war, ein Schreiben, in welchem auch dieser berühmte Geschichtsforscher sich auf das entschiedenste für den Bischofshof ausgesprochen hat. Wir sagen dem Herrn Professor Ranke unsern wärmsten Dank für die Freundlichkeit, mit welcher er unserer Bitte entsprochen und zur Feststellung der geschichtlichen Wahrheit sein gewichtvolles Urtheil mit in die Wagschale gelegt hat. Das Schreiben des Herrn Professor Ranke theilen wir ebenfalls am Schlusse dieser Schrift mit.

Worms, den 15. Februar 1863.

Dr. Eich.

# I.

## Wo wurden in Worms jederzeit die Reichsversammlungen abgehalten?

Es ist eine allbekannte, von Niemand bestrittene Thatsache, daß die alte freie Reichsstadt Worms im Laufe von acht Jahrhunderten sehr oft von Kaisern besucht worden und häufiger der Schauplatz von Reichstagen gewesen ist, als vielleicht irgendeine andere Stadt des weiland Heiligen Römischen Reichs. Schon im Jahre 764 — so berichtet die Wormser Chronik — hat Pipin mit allen Ständen des fränkischen Reichs allhier einen großen Reichstag gehalten und von Karl dem Großen an, welcher ebenfalls mehrere Reichstage hier abhielt und oft und gern hier verweilte, haben in der Stadt Worms so viele Reichsversammlungen stattgefunden, daß sie billig, wie der Chronist sich ausdrückt, „eine Mutter der Reichstage" genannt werden möchte.

Nicht so leicht läßt sich jedoch die Frage erledigen, in welchem Locale in Worms jederzeit die Reichsversammlungen abgehalten wurden. Der Verfasser der Schrift „Rathhaus oder Bischofshof?" hat dieselbe in wenigen Worten abgemacht. Er behauptet ganz kurz: „Es war dies kein anderes Local als das Rathhaus, der Bürgerhof genannt, und zwar in der darin befindlichen „Kaiserstuben". „Dies ist" — fügt er hinzu — „eine Thatsache, durch alle geschichtlichen Quellen bestätigt und von Niemand bestritten", allein den Beweis für diese kühne Behauptung ist er schuldig geblieben; denn er hat auch nicht ein einziges zuverlässiges Zeugniß angeführt, wenn man nicht etwa die nachstehende Bemerkung Peter Hamann's unter seiner Zeichnung vom Jahre 1690, die sogenannte Kaiserstube darstellend, als ein solches gelten lassen will. „Das Original" — so citirt Herr Hohenreuther wörtlich — „trägt folgende eigenhändige Unterschrift: «Perspectivische Abbildung der Kaiserstuben auf dem Rathhauß, der Burgerhof genannt, zu Worms, worinnen die römischen Kaiser auf den Reichstagen ihre Session haben pflegen zu halten, wie denn Kaiser Carolus V. in höchster Person anno 1521 auf damaligem großen Reichstage mit allen Chur- und Fürsten des Reichs in dieser Stuben versammelt gewesen, worin auch der kaiserliche Thron zu sehen und bis auf den französischen Brand stehen blieb.»"

Da wir schon einmal in einem Aufsatze, welchen Herr Hohenreuther im Jahre 1859 über diesen Gegenstand veröffentlichte, die Entdeckung gemacht hatten, daß er, um seinen Zweck zu erreichen, beim Citiren von Urkunden Abweichungen vom Originaltexte sich erlaubte, so haben wir uns die Mühe genommen, auch dieses Citat mit dem Original im Wormser Archiv zu vergleichen, und siehe da! die Mühe war nicht vergebens; denn wir haben uns sofort überzeugt, daß die erste Seite der Hohenreuther'schen Schrift auch schon eine Fälschung enthält. Auf dem Original steht nämlich „anno 1519 auf damaligem großen Reichstage". Diesen Verstoß gegen die Geschichte hat Herr Hohenreuther kurzerhand berichtigt, indem er in sein Citat die Jahreszahl „1521" setzte, ohne daß er dieser von ihm vorgenommenen Berichtigung auch nur mit einer Silbe erwähnt. Und warum hat er diesen, in dem vorliegenden Falle gewiß nicht unwichtigen Umstand verschwiegen? Weil er wohl einsah, daß ein Mann, der zwar für seine Zeit ganz leidliche Zeichnungen zu machen verstand, dabei aber in der Geschichte so wenig bewandert war, daß er nicht einmal wußte, in welchem Jahre Karl V. seinen weltberühmten Reichstag zu Worms gehalten hat, nicht wohl als Autorität in einer geschichtlichen Streitfrage angeführt werden könne. Als „authentisches Zeugniß" kann Peter Hamann höchstens nur dafür gelten, daß seine Zeichnungen das alte Worms, wie es vor der Verbrennung der Stadt durch die Franzosen im Jahre 1689 gewesen, getreu darstellen; allein wahrlich nicht um zu beweisen, daß die Reichsversammlungen jederzeit auf dem Bürgerhof in der Kaiserstuben abgehalten worden seien. — Indessen auch abgesehen von dem groben Verstoß gegen die Geschichte, welchen Hamann sich zu Schulden kommen ließ, beweist die Unterschrift unter dieser Zeichnung schon deshalb nicht, was Herr Hohenreuther durch dieselbe beweisen will, weil das Rathhaus, der Burgerhof genannt, in welchem sich die sogenannte Kaiserstube befand, erst im Anfang des 13. Jahrhunderts zur Zeit des Kaisers Friedrich II. erbaut wurde. Die Zorn-Flersheim'sche Chronik*) berichtet darüber Folgendes:

„Um diese Zeit ohngefähr (1217) hat ein ehrbarer Rath auch ein gewaltig groß fest steinern Haus in der Hahngassen kauft, zum Zoll genannt, welcher Platz sich erstreckt bis an S. Nazarius Capell. Dasselbig hat ein ehrengemeldeter ehrbarer Rath alsbald viel zierlicher und herrlicher angefangen zu bauen, auch den Bau, welcher sie mehr benn in die 2000 Mark gekost, so stattlich hinausgeführt, daß am Rheinstrom weit und breit kein schöner gewaltiger Haus, dann dieses gewesen ist. In demselbigen hat ein Rath hernach des Bischofs ohngeachtet Rath gehalten und was Stadtsachen gewesen sind, ohn Jemands Eintrag verrichtet."

Dieses Rathhaus nun, der Bürgerhof genannt, hat der Rath, wie dieselbe Chronik**) weiter berichtet, bald nachher im Jahre 1232 „untergraben und zu Boden reißen lassen", damit es nicht in die Gewalt des Bischofs Heinrich II. käme, der am Hofe zu

---

*) Siehe „Wormser Chronik" von Friedrich Zorn mit den Zusätzen Franz Berthold's von Flersheim, herausgegeben von Wilhelm Arnold (Stuttgart. Gedruckt auf Kosten des literarischen Vereins. 1857), S. 62.
**) „Wormser Chronik", S. 71.

Ravenna ein Mandat des Kaisers erwirkt hatte, durch welches ihm der neuerbaute Bürgerhof, als Eigenthum mit Grund und Boden für ihn und seine Nachkommen am Bisthum, zugesprochen worden war. Es vergingen nun mehrere Jahre, bis nach Beilegung dieses Streites mit dem Wiederaufbau begonnen werden konnte. Erst im Jahre 1263 wurde die Mauer um den Bürgerhof geführt. Es ist demnach eine durchaus unrichtige, mit den Quellen der Geschichte im Widerspruch stehende Angabe, wenn Herr Hohenreuther behauptet, daß die Reichsversammlungen jederzeit auf dem Bürgerhof in der Kaiserstube abgehalten worden seien. Die vielen Reichstage, welche während 450 Jahren unter den 23 Kaisern von Karl dem Großen bis auf Friedrich II. in Worms stattgefunden haben, können unmöglich in dem Bürgerhofe abgehalten worden sein, aus dem sehr einfachen Grunde, weil der Bürgerhof noch gar nicht existirte. Sie müssen demnach in einem andern Locale stattgefunden haben, und dieses andere Local ist, wie wir nachher näher begründen werden, höchst wahrscheinlich der Bischofshof*), in welchem jederzeit die Kaiser zur Herberge lagen, wenn sie nach Worms kamen.

---

*) Der Bischofshof, auch kurzweg „der Hof" genannt, — „das uralte, durch Volkssagen geweihte Riesenhaus" — wie der Wormser Geschichtschreiber Pauli sich ausdrückt — war der älteste und größte Palast in der alten Reichsstadt. An die Nordseite des Domes sich anschließend, ragte sein mächtiger Mittelbau mit den stattlichen Seitenflügeln weit über die übrigen Häuser der Stadt hinaus, wie aus einer der Hamann'schen Zeichnungen im Wormser Archiv deutlich zu ersehen ist. Sein Alter reicht wol bis in die Zeit der Entstehung des Bisthums hinauf; wenigstens meldet die „Wormser Chronik", daß der Bischof Arnold I. anno 1055 St. Stephans-Capell bei des Bischofs Hof gebaut habe. Im Bischofshof nahmen die Kaiser von jeher ihr Absteigequartier, wenn sie nach Worms kamen. In dem großen Saale des Bischofshofs wurde von jeher den Kaisern und Königen gehuldigt, wenn die „Hofglocke" die Bevölkerung zu diesem Acte „vor der Saalsteg" versammelte. In dem Bischofshof wurde alljährlich bis zum Jahre 1494 die Bestätigung des Magistrats durch den Bischof proclamirt. Der Bischofshof war auch das Rathhaus für städtische Angelegenheiten bis zum Anfang des 13. Jahrhunderts; er war zugleich Justizpalast, bis der Rath anno 1494 das weltliche Gericht in die alte Münze verlegte. Die Gebäulichkeiten des Bischofshofs bedeckten einen Flächenraum von mindestens 1800 Quadratklaftern, während der

Gehen wir nun eine Strecke weiter und untersuchen wir, wo die Reichstagssitzungen in den nächsten 270 Jahren unter den 15 Kaisern nach Friedrich II. bis auf Karl V. von 1250—1521 abgehalten wurden, so ergibt sich, daß auch in Bezug auf diesen Zeitraum die Behauptung des Herrn Hohenreuther geschichtlich nicht erwiesen ist. Der Bürgerhof ist nun zwar wirklich vorhanden, allein daß alle Reichstagssitzungen regelmäßig in demselben abgehalten worden seien, davon schweigen „die Quellen der Geschichte". Die Geschichtschreiber und Chronisten berichten in der Regel nur, daß in diesem oder jenem Jahre durch diesen oder jenen Kaiser ein Reichstag nach Worms ausgeschrieben wurde; sie führen wol auch die Gegenstände an, welche zur Verhandlung kamen; allein nur in sehr seltenen Fällen erwähnen sie auch das Local, in welchem der Kaiser mit den Reichsständen versammelt gewesen. Die Zorn-Flersheim'sche Chronik der Stadt Worms, welche von Karl dem Großen an bis auf Karl V. so viele Reichstage erwähnt, die hier abgehalten worden, nennt nur ein einziges Mal, nämlich bei den Verhandlungen über Luther's Angelegenheit am 17. April 1521, das Local, in welches dieser vor Kaiser und Reich erfordert wurde, und da nennt sie den „Bischofshof, darinnen Kaiserl. Majestät und ihr Bruder Ferdinandus zu Herberg lagen".

Indessen haben wir in dem Wormser Archiv doch eine sehr werthvolle authentische Quelle gefunden, welche über die Verhandlungen auf dem großen Reichstage, den Kaiser Maximilian I. im Jahre 1495 in Worms gehalten, und namentlich über die Localitäten, in welchen die Berathungen des Reichsraths stattgefunden haben, ein helles Licht verbreitet. Es ist dies die handschriftliche Chronik eines Augenzeugen, 491 Quartseiten stark und betitelt:

---

Bürgerhof, wie noch heute nachzuweisen ist, nur eine Fläche von circa 400 Quadratklaftern einnahm. Und doch will Herr Hohenreuther — auf S. 18 seiner Schrift — „aus der Vogelperspective" die Entdeckung gemacht haben, daß der Bürgerhof den vierfachen Raum des Bischofshofs eingenommen habe!!!

„Extract Chronici Wormatiensis seu Diarii Reinhard Noltzens, Rathsverwandten der Stadt Worms de anno 1493 bis 1509." Der Verfasser dieser Chronik erzählt hier, was er selbst gesehen und mit erlebt hat. Er war Mitglied der Botschaft, welche der Rath der Stadt Worms anno 1493 „zur Erkundigung und Rechtfertigung einiger Sachen" an den Kaiser nach Wien sandte. Er bekleidete ein Ehrenamt bei dem festlichen Empfang, welchen der Rath dem römischen König Maximilian und seiner Gemahlin Maria Blanca bei ihrem Einzuge in die Stadt am 13. Juni 1494 bereitete. Er war unter den Rathsmitgliedern, welche wegen neuer Conflicte mit dem Bischof dem Kaiser nach seiner Abreise anno 1494 in die Niederlande nachgesandt wurden. Er war also ein Mann in einer angesehenen Stellung, dessen Erzählungen vollen Glauben verdienen.

Nachdem der Verfasser der Chronik den Empfang der Königin Maria Blanca und des einige Stunden später eingetroffenen Königs Maximilian ausführlich beschrieben, erzählt er weiter, daß der König in seine Herberge in des Bischofs Hof einzog und daß ihn des Raths Freunde bis in den Hof an die steinern Stieg begleiteten. Sodann berichtet er, welche Geschenke der König und die Königin vom Rathe erhalten; daß der Rath königliche Majestät gebeten habe, die Huldigung, welche unter den frühern Kaisern von Alters her immer „auf des Bischofs Saal" stattgefunden habe, auf der neuerbauten, festlich decorirten Münze *) vorzunehmen, und daß der König diese Bitte gewährt und durch die Gegenvorstellungen des

---

*) Die neue Münze, auch das Neuhaus genannt, ein prächtiges Gebäude auf dem Markt; sie wurde 1486 erbaut, und ist nicht zu verwechseln mit der alten Münze, in welche anno 1494 das weltliche Gericht aus dem Bischofshofe, wo es bis dahin gewesen, verlegt und 1495 auch das Kammergericht vom Kaiser eingesetzt wurde. Auch die neue Münze soll nach einigen Nachrichten (Pauli, „Geschichte von Worms", S. 267) auf diesem Reichstage von Maximilian zu Rathsversammlungen benutzt worden sein. Jedenfalls muß sie sehr geräumige Säle enthalten haben, da die „Wormser Chronik", S. 201, berichtet, daß die Edelleute eines Abends eine Gesellschaft darin gaben, für welche 34 Tische hergerichtet waren.

Bischofs sich nicht habe irre machen lassen. Der ganze Act der Huldigung wird sodann in sehr eingehender Weise beschrieben. Kurze Zeit darauf verließ Maximilian I. Worms wieder und reiste in die Niederlande, kam aber im März des nächsten Jahres 1495 nach Worms zurück, um den großen Reichstag zu halten. Er zieht wieder zur Herberge in des **Bischofs Hof** ein, „nach altem Herkommen und Gewohnheit", wie der Chronist hinzufügt. Es wird hierauf ausführlich erzählt, welche Fürsten nacheinander ankamen, in welchem Hofe sie ihre Herberge nahmen, und wie der Eigenthümer eines jeden Hofes hieß. Es ist zu bedauern, daß diese höchst interessante Chronik noch nicht gedruckt ist. Sie umfaßt zwar nur den kurzen Zeitraum von 16 Jahren, allein sie gibt ein lebhaftes Bild von dem großartigen Leben und Treiben, von den Turnieren und Festen, welche jenen glänzenden, fünf Monate dauernden Reichstag verherrlichten. Diese Chronik gestattet uns aber auch — und das ist für die Frage, welche uns hier beschäftigt, das Wichtigste — eine ziemlich klare Einsicht in die Art und Weise, wie die Geschäfte auf den Reichstagen behandelt wurden; sie sagt uns insbesondere, in welche Locale die Fürsten und Stände zu den Rathssitzungen citirt wurden. Doch lassen wir den Chronisten selbst erzählen (S. 69, 70 und 71):

„die Churfürsten und auch andere Fürsten haben Räthe gehalten auf dem **Burgerhof**, das der Stadt Rathhauß ist, und hat jeglicher Churfürst ein eigen Stub zu seinen Räthen uf dem Hauß und barnach gingen sie zu Haufe in die **große Stube** *), auch waren die freyen und Reichs Städt oft auch auf diesem Hauß zu Rath bei den Fürsten, auch war der König manchmal uf dem Hauß bei den Fürsten zu Rathe und waren auch oft die Fürsten zu Rathe bei dem König in seinem Hoffe und

---

*) Dies ist die Stube, welche P. Hamann die „Kaiserstuben" nennt, die aber in keiner ältern Urkunde unter dieser Benennung vorkommt. Wir begegnen derselben erst im 17. Jahrhundert, als die Kaiser selbst in Worms eine seltene Erscheinung geworden waren.

die Reichsstätt auch bei der Königl. May. in seinem Hoffe. Die freien und Reichs-Stätt hatten ein besonderes Hauß und Stube, darauf sie zu Rath saßen, do war der Schumacher Zunfft Hauß nahe bei dem Burgerhoffe.

„Wann die Fürsten, Herrn und Städte wollten Rath halten, so reitet der Marschall, das war Herr Wilhelm von Pappenheim, umb von eines Fürsten Hoff zum andern und **gebeut zu Rath uf dem Burgerhof oder zu dem König in sein Hoff**, oder wo sie dann hinkommen sollten."

Diese urkundlichen Citate sind klar und verständlich. Wir wissen nun mit voller Bestimmtheit, daß die Kaiser „nach altem Herkommen und Gewohnheit" stets im **Bischofshof** ihre Herberge hatten und daß der Theil des Bischofshofs, welchen die Kaiser innehatten, und in welchen sie die Fürsten und Stände auf den Reichstagen zu Rathssitzungen citiren ließen, „**des Königs oder des Kaisers Hof**" genannt wurde. Wir erfahren ferner aus dieser Urkunde, daß die Churfürsten und auch andere Fürsten auf dem Bürgerhof ihre Kanzlei hatten, wo ihre Räthe arbeiteten, und daß die Fürsten unter sich in der „großen Stube" auf dem Bürgerhof Berathungen hielten, zu welchen „oft" auch die freien Städte und „manchmal" auch der Kaiser kam; daß aber die Fürsten und freien Städte „oft" zu dem Kaiser in seinen Hof zu Rathssitzungen citirt wurden.

Dieser Geschäftsgang ist übrigens sehr erklärlich. Es kamen in den Reichsversammlungen viele Fragen zur Verhandlung, bei denen es sich um Erweiterung oder Beschränkung kaiserlicher Rechte und Ansprüche handelte. Was ist also natürlicher, als daß die Fürsten oder ihre Stellvertreter in Berathungen, welche auf dem Bürgerhof in der „großen Stube" stattfanden, über ihre Interessen vor der Abstimmung sich zu verständigen suchten. Sobann ist nicht zu übersehen, daß alle wichtigen Fragen in den Collegien oder in den gemeinschaftlichen Ausschüssen, deren Sitzungen auch „manchmal" der Kaiser beiwohnte, berathen wurden, ehe durch Stimmenmehrheit

Beschlüsse gefaßt wurden, und diese Sitzungen fanden wol alle in der „großen Stube" statt. Es ist aber auch ebenso begreiflich, daß der Kaiser nicht selten Sitzungen der Reichsstände, welche unter seinem Vorsitze stattfanden, in seinem Hofe abhielt. Dafür spricht nicht allein die Etikette, sondern vielleicht auch der Umstand, daß der große Saal im Bischofshof die geräumigste Localität für solche Versammlungen war.

Und wie die Reichsgeschäfte auf dem Reichstage unter Kaiser Maximilian anno 1495 behandelt wurden, so geschah es ohne Zweifel auch unter den frühern Kaisern, sowie auch auf dem nächsten großen Reichstage anno 1521. Karl V. hatte ebenfalls seine Herberge in des Bischofs Hof; er hielt ebenfalls, wie sein Vorgänger Maximilian, Reichstagssitzungen, welchen er präsidirte, in seinem d. h. des Kaisers Hof, wie wir weiter unten nachweisen werden; und wie auch aus analogen Beispielen z. B. auf dem Reichstage in Augsburg anno 1530 hervorgeht. Wie Seckendorf\*) berichtet, ist Kaiser Karl V. am 15. Juni 1530 in Augsburg angekommen, nahm seine Herberge „in der Pfalz (so nennt man den bischöflichen Hof in Augsburg)", und ließ die Fürsten auf Montag früh den 20. Juni „in den Palast Kaiserlicher Majestät" zum Anfang der Reichstagshandlung citiren; ein weiterer Beweis dafür, daß auch anderwärts der bischöfliche Hof, sobald der Kaiser darin seine Wohnung genommen hatte, der „Kaiserliche Palast" oder des „Kaisers Hof" genannt wurde, und daß Karl V. auch anderwärts in dem Bischofshof, in welchem er zu Herberge lag, Reichstagssitzungen abzuhalten pflegte.

Bei den Wormser Reichstagen ist namentlich auch der Umstand nicht zu übersehen, ob der Kaiser in eigener Person hier anwesend war, oder ob er sich durch kaiserliche Commissarien vertreten ließ. Im letztern Falle wurden die Sitzungen immer auf dem Bürgerhof abgehalten, wie wir nur an einem einzigen Beispiele zeigen wollen.

---

\*) „Geschichte des Lutherthums", S. 1034 und 1042.

Im Jahre 1539—40 fand in Worms ein von Kaiser Karl V. ausgeschriebener Convent zur Abhaltung eines Religionsgespräch statt. Wie Spalatin\*) berichtet, kam des Kaisers oberster Commissarius und Orator Granvella am 22. November in Worms an und legte am 24. November um 8 Uhr vormittags „auf dem Rathhaus" vor allen Präsidenten, Churfürsten, Fürsten, Reichsstätten 2c. auf Kaiserliche Majestät Befehl sein Credenz und Mandat vor, und verlas sodann die Botschaft des Kaisers. Im Jahre 1545 dagegen war wieder ein Reichstag in Worms, auf welchem der Religionsfriede noch einmal bestätigt wurde. Der Kaiser Karl V. kam den 15. Mai zu Worms an und ließ den 19. die Evangelischen Gesandten, wie Seckendorf\*\*) berichtet, „in Dero Zimmer" kommen, welches, wie nun wol als unzweifelhaft vorausgesetzt werden darf, nirgends anders als in seiner Herberge im Bischofshofe war.

So glauben wir denn nun aus den Quellen der Geschichte bewiesen zu haben, daß die Behauptung des Herrn Hohenreuther: die Reichstagssitzungen in Worms seien jederzeit regelmäßig auf dem Rathhaus, der Bürgerhof genannt, abgehalten worden, unrichtig ist. In den Jahrhunderten, in welchen der Bürgerhof noch nicht existirte, war der Bischofshof die beständige Herberge der Kaiser, wenn sie nach Worms kamen, auch der einzige Ort, wo die Reichsversammlungen abgehalten werden konnten. Seitdem aber im 13. Jahrhundert der Bürgerhof vorhanden war, hatten wol die verschiedenen Collegien und großen Ausschüsse der Reichsversammlungen regelmäßig ihre Sitzungen auf dem Bürgerhof, allein in nicht seltenen Fällen ließen die Kaiser die Stände des Reichs zu sich in ihre Wohnung in den bischöflichen Palast zu Berathungen citiren, wie namentlich auch durch Ranke's Forschungen aus den Reichstagsacten festgestellt worden ist.

Wir gehen nun zur Beantwortung der weitern Frage über:

---

\*) „Annalen der Reformation", S. 446 und 447.
\*\*) „Geschichte des Lutherthums", S. 2415.

## II.

### In welchem Locale hat Luther am 17. und 18. April 1521 vor Kaiser und Reich gestanden?

Nachdem wir in dem Vorhergehenden nachgewiesen haben, daß die Reichsstände, wenn sie unter dem Vorsitze des Kaisers in Berathung treten sollten, in den Bischofshof, beziehungsweise des Kaisers Hof citirt wurden, wird es uns nicht schwer werden, nun den Beweis zu führen, daß auch Luther am 17. und 18. April 1521 in des Kaisers Hof vor die Reichsversammlung erfordert wurde.

Wir beginnen unsern Beweis, indem wir zuerst die eigenen Angaben Luther's vorführen, wie sie in der wichtigsten Quelle für diese Frage, nämlich in dem ausführlichen von ihm selbst herrührenden Berichte über die Verhandlungen in Worms zu lesen sind. Dieser Bericht wurde noch in demselben Jahre 1521 niedergeschrieben, als alle Vorgänge noch frisch in Luther's Erinnerung waren. Derselbe trägt die Ueberschrift: „Handlung des Ehrwürdigen Vaters D. Martin Luthers für Kayf. Majeft. Chur, Fürsten und Ständen des H. Röm. Reichs auffm Reichstag zu Worms" und findet sich gleichlautend in den verschiedenen Ausgaben von Luther's Schriften*) abgedruckt.

*Luther's Zeugniß.*

Wir citiren nach der Wittenberger Ausgabe, und zwar aus demselben Exemplar, welchem auch Herr Hohenreuther seine Citate auf Seite 6 seiner Schrift entnommen hat.**)

Luther's Zeugniß lautet dort wie folgt:

„Anno, nach Christi unseres Herrn und Heilands Geburt, 1521, Dienstag nach Misericordia Domini, ist Dr. Martinus Luther,

---

*) Luth. Schriften, Altenb. Ausg., I, 718b—726b; Wittenb., IX, Bl. 107—113; Walch, XV, Sp. 2297—2319 u. f. w.

**) Wir führen aus diesem umfassenden in der Wittenberger Ausgabe 13 Folioseiten füllenden Berichte nur die Stellen an, welche zu unserer Beweisführung und zur Widerlegung unsers Gegners erforderlich sind.

Auguſtiner Ordens, gen Worms kommen —.... und in den deutſchen Hof\*) zur Herberg eingezogen" —......

„Des andern Tags, auf Mittwochen, kam der ehrenveſte Ulrich von Pappenheim, des Reichs Erbmarſchall, von kaiſerl. Maj. geſchickt und zeigte ihm an, daß er Nachmittags um 4 Uhr vor Kaiſ. Majeſtät, den Churfürſten und anderen Ständen des Reichs erſcheinen ſollte und anhören, warum und wozu er berufen wäre, welchen Befehl Dr. Martin mit gebührlicher Reverenz und Ehrerbietung annahm.

„Und alsbald es vier geſchlagen hatte, deſſelben Tags, kamen genannter von Pappenheim und Kaspar Sturm, der Ehrenhold, welcher Dr. Martinum von Wittenberg gen Worms geleitet hatte, [erforderten und gaben ihm das Geleite durch den deutſchen Hof, bis in des Pfalzgrafen Herberge, und ward alſo durch heimliche Gänge auf das Rathhaus geführt, damit ihm vom Volk, welches viel auf'm Wege, ſo gleich zu Kayſerl. Majeſtät Herberg geht, ſich verſammelt hatte, nichts widerführe,]\*\*) wiewohl es Viele inne worden, die herzuliefen und mit hineinbringen wollten, aber die Trabanten trieben ſie mit Gewalt ab; Viele ſtiegen auf die Dächer und Häuſer, um Dr. Martinum zu ſehen.......

„Da fing der Kaiſerl. Orator, D. Johann Eck, gemeiner Official des Biſchofs zu Trier, mit hoher und vernehmlicher Stimme an, aus Befehl Kaiſerl. Majeſtät **erſtlich Lateiniſch**, **darnach Deutſch** zu reden an wie folgt: —.....

---

\*) Deutſcher Hof war die gewöhnliche im Munde des Volkes übliche Benennung für den Johanniter- oder Rhodiſer-Hof. Siehe Seckendorf, „Historia Lutheranismi", p. 152, und Goldaſt, „Politica imperialia", p. 1095.

\*\*) Die eingeklammerte Stelle von „erforderten" bis „widerführe" hat Herr Hohenreuther ausgemerzt, und dafür in ſein Citat nur die Worte geſetzt: „und führten ihn durch heimliche Gänge auf das Rathhaus." Den Grund dieſer Verſtümmelung werden wir weiter unten erklären.

„Nach biesem gab D. Martinus biese Antwort Lateinisch und Deutsch: — . . . . . . .

„Nach biesem ist D. Martin burch den Ehrenholb wieber in seine Herberge geleitet. — . . . . . . . .

„Des folgenden Tags, auf den Donnerstag, um 4 Uhr Nachmittags, kam ber Ehrenholb, führte Doctor Martin in's Kahsers Hof, ba er von wegen der Fürsten Geschäfte, bis zu sechs Uhr blieb, und wartete unter einem großen Haufen Volks, bas sich selbst vor Menge bruckte und brängte. Da sich nun die Fürsten gesetzt, und D. Martin vor ihnen stund, fing ber Official an also zu reden — . . . . . . . . . . . .

„Solches sagte der Official Lateinisch und Deutsch — . . .

„Hierauf antwortete Doctor Martin auf Lateinisch und Deutsch . . . . . . . . . . . . . . . . . . . . . . . . .

„Hier stehe ich, ich kann nicht anders, Gott helfe mir, Amen."—

„Da es nun begunte bunkel zu werden, ging ein Jeglicher nach Hause: die Spanier aber verlachten und verachteten ben Mann Gottes, Dr. Martinum, ba er von Kaif. Majestät [aus dem Richthause]\*) in seine Herberge ging."

In ber lateinischen Ausgabe, welche älter ist als die beutschen, und letztern als Grundlage biente, lauten die eben citirten Stellen aus Luther's Bericht (Jenae 1566, II, fol. 411—416) wie folgt:

„Acta reverendi patris D. Martini Lutheri, Augustiniani, coram S. Caesarea Majestate . . . . in Comitiis Principum Wormatiae.

(Lutherus) accersitur, venit et divertit in Curiam Crucigerorum militum, seu quos vocant Teutonici ordinis, ubi hospitio collectus est.

---

\*) Die eingeklammerte Stelle: „aus bem Richthause" hat Herr Hohenreuther in die Worte „aus bem Rathhause" verwandelt. Warum biese Fälschung stattgefunden, wird sich aus ben nachfolgenden Erläuterungen ergeben.

Ac statim post horam quartam auditam ejus diei, venit D. Ulricus de Pappenheim et Casparus Sturm faecialis per Germanias Caesareus (quo caduceatore e Wittenberga erat excitus, ac Wormaciam usque deductus D. Martinus) qui ipsum evocatum comitabantur per hortum Curiae Teutonicorum, in diversorium Palatini Comitis. Et ne quid a turba pateretur, quae in justo **ad Caesaream domum** itinere magna fuit, per gradus quosdam abditos **in auditorium**\*) deductus est. Non tamen latuit multos, qui ab. ingressu vix vi prohibebantur. Plerique pergulas conscenderunt studio videndi Lutherum.

Sequenti feria quinta, post quartam pomeridianam venit Faecialis et assumptum D. Martinum **in Curiam Caesaris** perduxit, ubi propter Principum occupationes ad sextam usque mansit, expectans in magna hominum frequentia, se ipsam conterente prae turba. . . . . . . .

Discedentem a **Caesarea Majestate et tribunali**, Hispanorum bona pars ronchis et subsannatione hominem dei Lutherum longo rugitu prosecuti sunt."

Betrachten wir nun etwas näher die eben citirten Angaben Luther's und stellen wir die Thatsachen fest, welche folgerichtig aus denselben sich ergeben.

Am 17. April nachmittags 4 Uhr — sagt Luther — wurde ich durch den Deutschen Hof (seine Herberge) (per hortum Curiae Teutonicorum) bis in des Pfalzgrafen Herberge (im Schwanen) und also durch heimliche Gänge auf das Rathhaus (in auditorium) geführt, weil auf dem geraden Wege nach des Kaisers Herberge (in justo ad Caesaream domum itinere) eine dicht-

---

\*) Auffallend ist, daß an der Stelle, wo in den deutschen Ausgaben das Wort „Rathhaus" steht, im lateinischen Text „**auditorium**" gefunden wird, welches im Deutschen „Verhör- oder Gerichtssaal", nicht „Rathhaus" bedeutet. Es scheint demnach, daß der Uebersetzer des lateinischen Grundtextes von Luther's Bericht sich eine Willkürlichkeit erlaubte, indem er „auditorium" durch „Rathhaus" übersetzte.

gedrängte Menschenmasse versammelt war, damit mir im Volksgedränge nichts widerführe. Diese wichtige Angabe hat Herr Hohenreuther in seinem Citate ausgelassen, weil sie beweist, daß das „Rathhaus", d. h. das Berathungslocal des Reichsraths und des „Kaysers Herberge" identisch sind. Wäre unter dem Worte „Rathhaus" das Berathungslocal des städtischen Raths oder der Bürgerhof zu verstehen, so würde sich das Volk, um Luther zu sehen, auf dem Wege nach dem Bürgerhof, aber gewiß nicht auf dem Wege „nach des Kaysers Herberge" versammelt haben. Dies ist an sich schon so klar, daß es jede weitere Erklärung überflüssig macht. Ein Blick auf den dieser Schrift beigefügten Grundriß der Stadt Worms und insbesondere auf die Lage der hier in Betracht kommenden drei Localitäten: Luther's Herberge, Bischofshof und Bürgerhof, wird jeden Unbefangenen sofort von der Richtigkeit dieser Schlußfolge überzeugen. Durch die von Süden nach Norden über den Markt hinziehende Hauptstraße zerfällt die Stadt Worms in zwei allerdings sehr ungleiche Theile, den östlichen und westlichen. Auf der Ostseite der Hauptstraße — und zwar mitten in der Stadt — liegt der Bürgerhof; auf der Westseite mit dem Ausgang auf die Hauptstraße befindet sich der Deutsche oder Johanniterhof (Luther's Herberge) und von der Hauptstraße seitwärts abgelegen zwischen dem Dom und der Stadtmauer liegt der Bischofshof. Wollte man nun aus Luther's Herberge nach dem Bürgerhof sich begeben, so mußte man nothwendig die Hauptstraße überschreiten und mit der in derselben versammelten Volksmenge in Berührung kommen. Luther erzählt uns aber ausdrücklich, daß man dies vermeiden und die auf dem graden Wege nach des Kaisers Herberge versammelte Volksmenge über den Weg, den er geführt wurde, täuschen wollte, indem man heimliche Gänge einschlug, durch den Garten des Deutschen Hofs in des Pfalzgrafen Herberge im Schwanen, welcher hinten einen Ausgang hatte, und von da durch einen mehr abgelegenen Stadttheil weiter bis in des Kaisers Herberge. Dies war aber nur in der Richtung möglich, welche wir auf dem Grundriß von Worms angedeutet haben, und welche auch mit der althergkömmlichen Tradition übereinstimmt, die sich in den ältesten Wormser Familien noch bis zum heutigen Tage erhalten hat.

Luther erzählt weiter: Des folgenden Tags, am 18. April, nachmittags 4 Uhr sei er „in des Kaysers Hof" (in Curiam Caesaris) geführt worden, da er von wegen der Fürsten Geschäfte bis zu 6 Uhr blieb und unter einem großen Haufen Volks wartete. Hier gebraucht also Luther den eigentlichen Ausdruck, der, wie wir im ersten Theile dieser Schrift nachgewiesen haben, gleichbedeutend ist mit „des Kaisers Herberge." Die Behauptung unsers Gegners, daß unter „Kaisers Hof" nicht des Kaisers Herberge, sondern der abstracte Begriff des Reichsraths, bestehend aus dem Kaiser und den Gliedern der Reichsversammlung zu verstehen sei, zerfällt in ihrer eigenen Haltlosigkeit. Der Ausdruck: in's Kaisers Hof bedeutet jederzeit und überall das Local, in welchem der Kaiser wohnte, niemals aber die Glieder der Reichsversammlung. Das haben wir urkundlich nachgewiesen; unser Gegner hat jedoch zur Unterstützung seiner aus der Luft gegriffenen Behauptung nicht einen einzigen urkundlichen Beleg beizubringen vermocht.

Nachdem uns also Luther berichtet hat, daß er am zweiten Tage „in des Kaysers Hof" geführt worden sei, nennt er diesen Ort im weitern Verlaufe seines Berichts das „**Richthaus**", indem er am Schlusse der Verhandlungen des zweiten Tages sagt: er sei von Kaiserl. Majestät „aus dem **Richthause**" (a Caesarea Majestate et tribunali) wieder in seine Herberge gegangen. Diese Stelle hat Herr Hohenreuther, wie bereits oben bemerkt wurde, gefälscht, indem er in seinem Citate den Ausdruck „Richthaus" in „Rathhaus" verwandelte. Unser Gegner war klug genug, um einzusehen, daß, wenn die Leser seiner Schrift erführen, Luther habe in seinem Berichte über die Wormser Verhandlungen das Local, in welches er geführt wurde, einmal das „Rathhaus in des Kaisers Herberge", sodann „des Kaisers Hof" und endlich „Kaiserl. Majestät Richthaus" genannt, daß ihm dann Niemand mehr glauben würde, dieses Local wäre der Bürgerhof gewesen.

Die Aufgabe, welche Herr Hohenreuther übernommen hat, war: die Welt glauben zu machen, daß der heutige Hehl'sche Garten nicht die historische Stätte sei, wo Luther vor Kaiser und Reich gestanden; er sah sich also genöthigt, die Beweisstellen, welche ihm die Lösung seiner Aufgabe erschwerten oder unmöglich machten, zu beseitigen, und so ist er auf den schlimmen Abweg gerathen, zu Verstümmelungen und Fälschungen seine Zuflucht zu nehmen. Da nun aus Luther's eigenen Worten hervorgeht, daß das Sitzungslocal der Reichsversammlung am 17. und 18. April in des Kaisers Herberge oder des Kaisers Hof war: so ist auch klar, in welchem Sinne die Worte „Rathhaus" und „Richthaus" zu nehmen sind. Luther versteht darunter das Haus, in welchem der Reichsrath über ihn zu Rath und zu Gericht gesessen hat.

Um nicht ungerecht gegen den Verfasser der Schrift: „Rathhaus oder Bischofshof?" zu sein, wollen wir nicht unerwähnt lassen, daß er gleich im Anfang, wo er seinen Beweis aus Luther's Schriften beginnt, die Bemerkung macht: gewöhnlich nenne Luther in seinen Schriften, wo er von diesem Gegenstand spreche, keinen bestimmten Ort, wohin er vorgefordert worden sei; doch nenne er auch öfters bestimmt das Rathhaus oder Richthaus. Letzteres Wort sei auch eine richtige Bezeichnung für den Bürgerhof, weil an diesen die Münze oder das „Ampthaus" grenze, für welche Bezeichnung sich Luther des sächsischen Ausdrucks „Richthaus" bedient habe! In der That eine höchst originelle Logik, die Luther nach Herrn Hohenreuther's Angabe in Worms gelernt haben soll! Angenommen es wäre wahr, daß die neue Münze schon zu Luther's Zeiten auch „Ampthaus" genannt worden sei, was jedoch nicht der Fall ist, da diese Benennung erst in der letzten Hälfte des 17. Jahrhunderts vorkommt; und angenommen, Luther hätte wirklich während seines zehntägigen Aufenthaltes in Worms solche genaue Studien über die in der Stadt befindlichen Localitäten angestellt: so hieße es doch seinem gesunden

Menschenverstande zu nahe treten, wenn man bei ihm unterstellen wollte, er hätte den Bürgerhof „Richthaus" genannt, weil in der Nähe des Bürgerhofs ein Gebäude gestanden habe, welches „Ampthaus" genannt worden sei und welches im Sächsischen „Richthaus" bedeute! Das Lächerliche einer solchen Argumentation bedarf wol keiner ernstlichen Widerlegung.

Während nun Herr Hohenreuther wußte, daß der erwähnte ausführliche Bericht Luther's über die Verhandlungen in Worms existirt, welcher bekanntlich die wichtigste Quelle zur Beantwortung der Frage ist, um die es sich hier handelt, beginnt er seine Citate mit einer Stelle aus Luther's Tischreden, nach welcher Luther gesagt habe, er sei vor dem ganzen Reichsrathe auf'm Rathhause erschienen. Die Tischreden sind, wie Seckendorf in seiner Geschichte des Lutherthums S. 2732 bemerkt, mit großer Behutsamkeit aufzunehmen, da dem lieben seligen Manne Manches in den Mund gelegt worden sei, was er vielleicht gar nicht oder doch nicht so gesprochen oder verstanden habe, wie es ihm nacherzählt wurde. Und daß der Verfasser der angezogenen Stelle in den Tischreden, M. A. Lauterbach, Luther wirklich sehr unvollkommen verstanden hat, geht daraus hervor, daß er in seiner Erzählung die Verhandlungen, welche an zwei Tagen, am 17. und 18. April, stattfanden, an einem Tage nacheinander vor sich gehen und Luther des anderen Tags den 18. April von Bischöfen und Andern zu jenen Privatverhandlungen berufen werden läßt, welche nach Luther's eigenem Bericht erst am 24. und 25. April stattgefunden haben. Das Alles wußte Herr Hohenreuther und doch hat er diese unrichtige und unvollständige Erzählung des M. A. Lauterbach in Luther's Tischreden an die Spitze seiner Argumentation gestellt; warum? Weil diese Stelle, in welcher blos das Wort „Rathhaus" und nichts von „des Kaisers Herberge" und „des Kaisers Hof" vorkommt, für die Lösung seiner Aufgabe geeigneter schien, als der ausführliche Bericht, dessen Inhalt er erst nachher — aber verstümmelt und gefälscht — zu seiner Beweisführung benutzt hat.

Es wurde früher einmal von Lange, der eine Geschichte der Stadt Worms geschrieben hat, und auch von dem Verfasser dieser Schrift die Ansicht ausgesprochen, da Luther in Worms nicht localkundig gewesen, so habe er vielleicht die Benennung „Bischofshof" nicht gekannt und deshalb nur von „des Kaisers Herberge", „des Kaisers Hof" als dem „Rath= und Richthause", gesprochen, in welches er geführt worden sei. Unser Gegner bemüht sich sehr, diese Vermuthung als unwahrscheinlich hinzustellen. Für uns ist diese Frage vollständig gleichgültig, da sie an der Sache nichts ändert. Wenn Luther wirklich wußte, daß das Gebäude, in welches er geführt wurde, zugleich die Wohnung des Bischofs enthielt, und daß dasselbe sonst gewöhnlich „des Bischofs Hof" genannt wurde; so hat er diese Benennung absichtlich nicht gewählt, weil er nicht vor dem Bischof von Worms, sondern vor dem Kaiser und den Reichsständen zu erscheinen erfordert war. Für ihn war dieses Gebäude nur „des Kaysers Herberge", „des Kaysers Hof", „das Rath= und Richthaus" der Reichsversammlung und deshalb mag er wol auch diese letztern Benennungen vorgezogen haben. —

Wir gehen nun zur zweiten authentischen Quelle über, nämlich zu

Spalatin's Zeugniß.

Spalatin's Annalen der Reformation,

aus dessen Autographo aus Licht gestellt von Cyprian, Leipzig 1718.

Georg Spalatin, geboren im Jahre 1484, gestorben im Jahre 1545, war eine der bedeutendsten und einflußreichsten Persönlichkeiten der Reformationszeit. Er war Hofkaplan und geheimer Cabinetssecretär des Kurfürsten Friedrich's des Weisen; er war von seinem Fürsten sehr hoch geschätzt, stand zu Luther im innigsten Freundschaftsverhältniß, wie die zahlreichen Briefe Luther's an Spalatin beweisen. Er verweilte während der ganzen Dauer jenes berühmten Reichstags von Anfang Januar bis gegen Ende Mai, also fast fünf Monate, mit seinem Fürsten hier in Worms; er war täglich mit Luther zusammen und wohnte sogar den Verhandlungen bei, welche am 24. und 25. April mit Luther in der Herberge des Erzbischofs von Trier stattfanden. Spalatin, nach Luther der wichtigste Zeuge in dieser Frage, erzählt nun in seinen Annalen\*) auf Seite 38, 39 und 41 wie folgt:

„Im Jahr nach Christi Geburt 1521 ward Doctor Martinus Luther durch den Herrn Kayser auf seiner Kayſ. Maj. erſten Reichstag zu Worms erfordert . . . . . . . . . . . Er iſt in Gottes Namen gen Wurmbs kommen, Dienſtags nach Misericordia Domini . . . . . . und zog ein zum Comptur Johanniter-Ordens . . . . . . Des folgenden Mittwochs ließ ihn Kayſ. Maj. zu ihnen, die Churfürſten, Fürſten und Stende des Reichs, zwiſchen 4 und 5 Hor fordern **auf die Pfalz oder des Biſchofs Hof**, da Kayſ. Maj. lagen . . . . . . Des folgenden Donnerstags iſt Doctor Martinus wiederumb nach 4 Hor, in einem großen Gedreng **auf der Pfalz** vor Kayſ. Maj. und den Fürſten und Stenden des Reichs erſchienen und hat ſeine Antwort erſtlich Lateiniſch, darnach Deutſch gethan."

Hier haben wir alſo ganz daſſelbe Zeugniß wie wir es in Luther's eigenem Berichte niedergelegt finden, nur mit dem Unterſchiede, daß Spalatin für den Ort, wo der Reichsrath verſammelt war, die Benennung „**Pfalz oder des Biſchofs Hof**, wo Kayſ. Maj. lagen" gebrauchte, während Luther die Bezeichnung „Rathhaus in des Kaysers Herberge", „des Kaysers Hof" und das „Richthaus in des Kaysers Hof" wählte. Die Namen sind verschieden, der Ort bleibt derselbe; daran läßt sich nichts mäteln und deuteln. Aber doch! Herr Hohenreuther gibt sich so leicht nicht gefangen. In seiner polemischen Rüſtkammer sind noch andere Waffen vorräthig, als diejenigen, welche er im Kampfe gegen die widerspenstigen Stellen

---

\*) Dieſe Annalen oder Jahrbücher der Reformation ſind Aufzeichnungen Spalatin's anfangend mit dem Jahre 1518 und von Jahr zu Jahr fortgeſetzt bis zum 1. Febr. 1543. Der handſchriftliche Codex befindet ſich auf der herzoglichen Schloßbibliothek zu Gotha unter der Signatur Cod. chart. 340 Fol. Spalatin ſelbſt hat dieſen Codex theils als „Chriſtliche Religionshändel", theils als „Religionsſachen" bezeichnet.

in Luther's Schriften in Anwendung gebracht hat. Um die Glaubwürdigkeit von Spalatin's Zeugniß in Zweifel zu ziehen, hat der kritische Scharfsinn unsers Gegners, der kleinen Mäkeleien nicht zu gedenken, hauptsächlich vier Ausstellungen geltend gemacht, von denen jedoch die beiden ersten sich als unbegründete Verdächtigungen, und die beiden letzten als offenbare Unwahrheiten erweisen.

Erster Einwand: Cyprian, der Herausgeber von Spalatin's Annalen, bemerkte in der Vorrede: „in der Mitte des Spalatinischen Manuscripts sei Vieles durch Nässe und Moder zerfressen und verderbt worden." Dies veranlaßt nun den Herrn Hohenreuther zu unterstellen, daß gerade die Blätter, welche von den Angelegenheiten des Wormser Reichstags handeln, in dem Manuscript könnten zerstört gewesen und beim Abschreiben von ungenau unterrichteter Hand interpolirt worden sein. Herr Hohenreuther hätte sich zwar selbst sagen müssen, daß die Blätter, auf welchen vom Bischofshof die Rede ist, ebenso wenig „in der Mitte" des Manuscripts sein können, als in dem 720 Seiten enthaltenden gedruckten Werke Spalatin's die 39. und 41. Seite, auf welchen die Worte „in des Bischofs Hof" und „auf der Pfalz" vorkommen, „in der Mitte" des Bandes sich befinden; daß also in keinem Falle dort die schadhaften Stellen zu vermuthen sind. Um indessen die vollste Gewißheit zu erhalten, haben wir nach Gotha geschrieben, wo das Manuscript sich befindet, und durch die freundliche Vermittelung des Herrn Oberhofprediger Dr. Schwarz von Herrn Director Dr. Neudecker, welcher im Jahre 1851 mit der Herausgabe von Spalatin's historischem Nachlaß und Briefen aus den Originalhandschriften begonnen hat, über den Zustand des Spalatinischen Codex folgende Nachricht erhalten: „Das Papier des Codex ist allerdings an mehreren Stellen verwittert und vermodert, da und dort finden sich selbst Lücken. Ich habe den ganzen Codex schon vor einigen Jahren ganz abgeschrieben, um dadurch noch diejenigen Stellen zu erhalten, welche wol demnächst nicht mehr vorhanden sein werden. Was die Stellen betrifft, welche gerade von dem Bischofshofe handeln, so ist

„nicht blos das Papier ganz vollständig und gut, sondern „die Schrift auch ganz unverfehrt, ganz leserlich und gut „erhalten." Dieser Einwand wäre also beseitigt. Da indessen Herr Hohenreuther die Haltlosigkeit desselben voraussah, so hat er sich noch weiter vorgesehen und so begegnen wir

2) dem Einwande: „Spalatin habe sich bezüglich des Ortes, wo Luther vor der Reichsversammlung gestanden, in seinem Gedächtnisse vermuthlich geirrt! Bei einem Manne, der so viel mit seinem Fürsten gereist sei, könnten solche Irrthümer leicht vorkommen." Wenn es gestattet wäre, zu solchen willkürlichen Unterstellungen seine Zuflucht zu nehmen, so gäbe es fast kein historisches Zeugniß mehr, das nicht angefochten werden könnte. Spalatin, der fünf Monate in Worms war, der so diplomatisch genau über alle Einzelheiten der Wormser Verhandlungen berichtet, der so bestimmt wie Einer wußte, in welchem Locale Luther vor Kaiser und Reich gestanden, Spalatin sollte sich geirrt haben, als er niederschrieb: Luther wurde Mittwochs zwischen 4 und 5 Uhr auf die Pfalz oder des Bischofs Hof erfordert, wo Kayſ. Maj. zu Herberg lagen. Solche Einwände bedürfen keiner Widerlegung, sie zerfallen in sich selbst. Der Werth von Spalatin's Zeugniß wird dadurch nicht im mindesten beeinträchtigt; denn seine Schriften sind — wie die Herausgeber von Spalatin's historischem Nachlaß und Briefen*) in ihrem Vorbericht mit Recht bemerken — „hinsichtlich der Authenticität des Ausdrucks und der Wichtigkeit der Quellen den Schriften Luther's und Melanchthon's an die Seite zu stellen".

Wenn Herr Hohenreuther die Möglichkeit einer Verwechselung in dem Gedächtnisse Spalatin's dadurch erklären will, daß Luther nach den beiden amtlichen Verhandlungen auf dem Reichstage am 17. und 18. April noch einigemal zu verschiedenen Fürsten auf

---

*) „Georg Spalatin's historischer Nachlaß und Briefe aus den Originalhandschriften herausgegeben von Chr. Gotth. Neudecker und L. Preller" (Jena 1851), I, 14.

den Bischofshof beschieden worden sei, um ihn durch Privatunterredungen noch nachträglich zu einem Widerruf zu bewegen: so ist diese Angabe durch den authentischen Bericht Luther's und Spalatin's über jene Verhandlungen als unwahr nachgewiesen. Luther gibt in seinem Berichte genau an, was während seines zehntägigen Aufenthalts in Worms an jedem Tage mit ihm vorging. Jene Privatunterredungen mit Fürsten und Prälaten fanden am 24. in der Herberge des Erzbischofs von Trier, am 25. vormittags und nachmittags mit Dr. Peutinger und dem badischen Kanzler Vehus in Luther's Herberge und am 25. gegen Abend nochmals mit dem Erzbischof von Trier in dessen Herberge statt, niemals aber in dem Bischofshofe. Daß der Erzbischof von Trier nicht in dem Bischofshofe wohnte, wo der Kaiser lag, geht schon daraus hervor, daß er, wie Spalatin in seinen Annalen Seite 46 berichtet, auf die Bitte Luther's um gnädige Erlaubniß zur Heimreise antwortete: „Ich will diese Stunde zu Kayf. Maj. rehten, und die Sache furdern." Wenn aber der Erzbischof von Trier zu dem Kaiser in den Bischofshof „reiten" will, um mit ihm zu sprechen, so kann seine Herberge nicht in demselben Palast, wo der Kaiser wohnte, gewesen sein.

Um das Zeugniß Spalatin's als unzuverlässig zu verdächtigen, macht unser Gegner

3) den Einwand: nach Spalatin's Angabe hätte Luther am zweiten Tage seine Antwort „erstlich Lateinisch und darnach Deutsch gethan". Das sei unrichtig, da in Luther's eigenen Werken zu lesen sei, daß er zuerst Deutsch und dann Lateinisch gesprochen habe; das Nämliche werde auch von allen übrigen Chronisten bestätigt!

Es ist wahr, in Luther's Schriften*) und zwar wiederum in den Tischreden, welche, wie schon bemerkt, nicht immer sehr zuver-

---

*) „Historien, wie es D. Mart. Luther auf dem Reichstage zu Wormbs anno 1521 ergangen sey von ihm selbst zu Eisleben über Tisch erzählt anno 1546 nur etliche Tage für seinem Abschiede aus diesem Leben." — Luther's Schriften, Altenb. Ausg., I, 733. b. fg. — Eisleb. Ergänzungs-Ausg., I, 38, a. fg. Neueste Ausgabe (Frankfurt und Erlangen), LXIV, 366 fg.

läſſig ſind, berichtet ein Tiſchgenoſſe, was Luther im Jahre 1546 nur wenige Tage vor ſeinem Tode zu Eisleben über Tiſch von dem Wormſer Reichstag erzählt habe. Nach dieſer Erzählung ſoll Luther ſeine Antwort zuerſt Deutſch und dann Lateiniſch gegeben haben. Allein in dem authentiſchen, von Luther ſelbſt herrührenden Berichte aus dem Jahre 1521 ſteht geſchrieben, wie wir oben in den Beweisſtellen nachgewieſen haben, daß nicht nur der kaiſerliche Orator Dr. Eck, ſondern auch Luther beide Male, am erſten und am zweiten Tage zuerſt Lateiniſch und dann Deutſch geſprochen habe. Es iſt auch ſehr begreiflich, daß bei einem Verhör, welches unter dem Vorſitze des Kaiſers geführt wurde, zuerſt und nicht zuletzt in der Sprache geſprochen wurde, welche der Kaiſer beſſer verſtand, als die deutſche. — Warum iſt nun Herr Hohenreuther nicht der weit zuverläſſigern Angabe in Luther's eigenem Berichte aus dem Jahre 1521 gefolgt? Und warum hat er es vorgezogen, ſich auf eine Erzählung zu ſtützen, welche erſt 25 Jahre ſpäter von einem Tiſchgenoſſen nach Luther's Tode niedergeſchrieben wurde, und welche wegen anderer Unrichtigkeiten, die ſie enthält z. B. daß Luther in Herzog Friedrich's Herberge (nicht im Deutſchen Hof) eingezogen ſei, daß er erſt „wenige Tage" nach ſeiner Ankunft in Worms (nicht am folgenden Tage) und zwar erſt „um 6 Uhr" abends (nicht um 4 Uhr) vor den Reichsrath erfordert worden ſei, den Beweis ihrer Unzuverläſſigkeit in ſich ſelbſt trägt? Und warum behauptet Herr Hohenreuther, daß „alle" übrigen Chroniſten jener Zeit das Nämliche beſtätigten, während er doch weiß, daß dieſe Behauptung eine Unwahrheit iſt? Denn nicht allein Luther und Spalatin, ſondern auch Matthesius[*] und Golbaſt[**] berichten, daß Luther zuerſt Lateiniſch und dann Deutſch geſprochen habe. Es iſt alſo auch dieſer Einwand unbegründet, da Spalatin's und Luther's Angaben in dieſer Beziehung genau übereinſtimmen.

---

[*] Matthesius, „Das Leben Luther's", S. 61.
[**] Golbaſt, „Polit. imperial.", p. 1095.

Einen weitern Grund, das Zeugniß Spalatin's für unzuverlässig zu halten, will Herr Hohenreuther

4) darin finden, daß Spalatin „allein" Luther in dem Comthurhause der Johanniter absteigen lasse, während Luther selbst und „alle anderen Urkunden" das Deutsche Haus, d. h. das Deutschordenshaus angäben. Daß Luther den „Deutschen Hof" als seine Herberge nennt, steht richtig, allein nicht minder richtig ist, daß dies damals die gewöhnliche Benennung für den Johanniterhof war. Golbast, an der schon erwähnten Stelle S. 1095, berichtet: „Lutherus venit ac devertit in Curiam Rhodiensium militum seu quos vocant Teutonici Ordinis." Zu Deutsch: „Luther kam und kehrte im Hof der Rhodiser, oder, wie man sie auch nennt, der Deutschen Ordensritter ein."

Seckendorf, „Hist. Luth.", p. 152, erzählt: „Hospitium habuit apud equites Rhodios, ut Cochlaeus scribit, qui nunc Melitenses vocantur, Lutherus Teutonicos nominat, vulgarem appellationem secutus, qua domus illa vocabatur." Zu Deutsch: „Er hatte seine Herberge bei den Rhodiser-Rittern, wie Cochläus schreibt, welche jetzt auch Malteser genannt werden. Luther nennt sie die Deutschen Ritter, und folgt darin der gewöhnlichen Benennung, mit der man jenes Haus bezeichnete." Unser Gegner kannte die eben citirten Stellen von Golbast und Seckendorf; er hat selbst auf Seite 16 und 17 seiner Schrift unmittelbar Vorhergehendes und Nachfolgendes citirt; er hat sogar die Stelle bei Seckendorf geradezu übersprungen und durch Punkte diese Auslassung angedeutet und dennoch hat er die Dreistigkeit im offenbaren Widerspruch mit der ihm bekannten Wahrheit zu behaupten: Spalatin „allein" erwähne den Johanniterhof; „alle anderen Urkunden nennten den Deutschen Hof". — So macht man Geschichte!

Nachdem wir die Einwendungen, welche Spalatin's Zeugniß verdächtigen sollten, als unbegründet zurückgewiesen haben, gehen wir nun zum dritten Zeugen über, nämlich zu der Zorn-Flersheim'schen Chronik der Stadt Worms.

*Zeugniß der Zorn-Flersheim'schen Chronik.*

Friedrich Zorn, zu Worms im Jahre 1538 geboren und 1610 daselbst gestorben, war 45 Jahre (von 1565—1610) Rector der Stadtschule (d. h. des Gymnasiums) seiner Vaterstadt.

Das Geburts- und Sterbejahr Franz Berthold's von Flersheim läßt sich zwar nicht mit Bestimmtheit angeben, allein aus Schaunat's Geschichte des Wormser Episcopats, Seite 263, entnehmen wir, daß er von sechs Söhnen des Bertolf von Flersheim, welcher im Jahre 1525 ein bischöfliches Lehen übernahm, der jüngste war. Als sein Vater 1578 gestorben war, erhielt der älteste Sohn, Johann Eberhard, das Lehen, und es wurden außerdem auch die fünf übrigen Söhne des Verstorbenen als Lehensgenossen zugelassen.\*) Im Jahr 1596 starb Johann Eberhard, der älteste Bruder des Chronisten; die zwei nächstfolgenden Brüder waren inzwischen auch schon gestorben; es übernahm also der dritte Bruder, Philipp Jakob von Flersheim, als Senior der Familie, das Lehen in seinem und der übrigen Namen, und damals waren die drei nachfolgenden Brüder, worunter unser Chronist, noch am Leben. Nehmen wir nun an, der Vater des Chronisten habe sich erst zur Zeit der Uebernahme des bischöflichen Lehens im Jahre 1525 verheirathet, und nehmen wir ferner an, unser Chronist, der jüngste der sechs Söhne, sei erst 12 Jahre nach der Verheirathung seines Vaters geboren, so würde sein Geburtsjahr etwa in das Jahr 1538 fallen, in welchem auch Zorn geboren wurde. Diese Angabe wird auch noch durch eine Notiz in der Vorrede Schaunat's weiter bestätigt. Schaunat sagt nämlich: außer den gedruckten Quellen, die er benutzt habe, seien

---

\*) Diese Notiz, aus welcher hervorgeht, daß der Chronist Flersheim der Sohn des 1578 verstorbenen Bertolf von Flersheim war, welcher schon im Jahre 1525 bischöflicher Lehensträger wurde, hat Herr Hohenreuther bei seinem Citate übersprungen, weil die Lösung seiner Aufgabe verlangt, diesen Hauptzeugen zu verdächtigen und demgemäß dem Leser die Thatsache zu verheimlichen, daß Flersheim höchst wahrscheinlich sogar ein gleichalteriger Zeitgenosse Zorn's gewesen sein müsse, der allerdings so gut wie Zorn noch unter den Augenzeugen der Reichsversammlung von 1521 lebte.

ihm einige bis jetzt ungedruckte brauchbare Sammlungen von Worm=
ser Annalen sehr zu statten gekommen, unter welchen folgende drei
eine vorzügliche Stelle einnähmen (quos inter praecipuum locum
obtinent), nämlich:

„Michael Gassen, der ums Jahr 1530 lebte,

„Franz Bertholb von Flersheim, ein Mann, dem Rit=
terstande angehörig (vir Equestris dignitatis), welcher sein Werk
bis zum Jahre 1604 fortführte, und

„Friedrich Zorn, Rector der Wormser Schulen, welcher
im Jahre 1610, über 70 Jahre alt, gestorben sei."

Aus der chronologischen Reihenfolge, in welcher diese drei Chro=
nisten aufgeführt werden, ersehen wir, daß Schannat den Franz
Bertholb von Flersheim der Zeit nach dem Friedrich Zorn sogar
noch vorgehen läßt.

Die älteste Handschrift Zorn's, wahrscheinlich sein Autographon,
befindet sich in dem hiesigen Archive, sie trägt auf dem Titel die
Bemerkung: zusammengetragen 1570 den 12. Augusti. In diesem
ältesten Exemplar ist allerdings nur erwähnt, daß anno 1521 der
Röm. Kaiser Carolus V. allhier seinen ersten Reichstag hielt, und
daß auf diesen Reichstag auch Martinus Lutherus citirt worden.
Das Local, in welches Luther citirt wurde, ist in dieser ältesten
Handschrift der Zorn'schen Chronik nicht erwähnt. Dies mag wol
darin seinen Grund haben, daß im Jahr 1570, als noch so viele
Augenzeugen lebten, welche wußten, wo Luther's Verhör stattgefun=
den hatte, ein Irrthum bezüglich des Locals noch nicht möglich war.
Flersheim dagegen, welcher 20 bis 30 Jahre später — aber noch
zu Lebzeiten Zorn's — seine Zusätze und Erweiterungen zu dessen
Chronik schrieb, fand es nöthig, den Ort der Verhandlung ausdrück=
lich zu erwähnen, weil damals schon Spuren jener irrigen Meinung
sich gezeigt hatten, welche sich später zu einer förmlichen Tradition
ausbildete. Denn schon in einem Exemplar vom Jahre 1604, wel=
ches im hiesigen Archiv aufbewahrt ist, findet sich auf Blatt 343
folgende Stelle:

anno 1521 den 17. Aprilis Mittwoch nach Misericordia Dei hat in des Bischofs und nit uf dem Burgerhoff (wie der gemeyne Mann meynet) Dr. Martinus Lutherus vor Carolo V. und dem gantzen Röm. Reich sein Bekandtnus allhie gethan."

Und in einer andern in der Frankfurter Stadtbibliothek befindlichen Abschrift der Zorn-Flersheim'schen Chronik, deren ursprüngliche Handschrift dem Jahre 1610 angehört und welche, weil sie beide Texte im Zusammenhange gibt, dem von Dr. Wilhelm Arnold besorgten Abdruck zu Grunde gelegt wurde, lautet die betreffende Stelle wie folgt*):

Am Mittwoch nach Misericordia domini 17. Aprilis hat K. M. D. Martinum für sich die Kurfürsten, Fürsten und Stände des Reichs lassen um 4 Uhren nach Mittag erfordern in des Bischofs Hof, darin k. M. und ihr Bruder, Erzherzog Ferdinandus, zur Herberg lagen."

Durch die zuerst erwähnte Handschrift der Wormser Chronik ist demnach erwiesen, daß schon im Jahre 1604, also schon 83 Jahre nach dem Wormser Reichstage, bezüglich des Locals, in welchem Luther vor Kaiser und Reich gestanden, eine irrige Meinung angetroffen wurde, welcher der Chronist durch seinen Zusatz „und nit uf dem Burgerhof, wie der gemeine Mann meint", ausdrücklich entgegentritt. Ob nun dieser Zusatz und die bestimmte Angabe, daß Luther in des Bischofs Hof erfordert wurde, von Zorn oder von Flersheim herrührt, das thut zur Sache nichts. Beide sind gleich zuverlässige Gewährsmänner, der Historiker stellt beide in Hinsicht der Glaubwürdigkeit auf eine Linie. Arnold urtheilt in der Einleitung zu der von ihm herausgegebenen Wormser Chronik über den Werth der Flersheim'schen Zusätze in folgender Weise: „Durch die Flersheim'schen Zusätze ist die Chronik etwa auf das Doppelte ihres anfänglichen Inhalts angewachsen . . . . . . . Indessen hat Flersheim

---

*) Wormser Chronik, herausgegeben von W. Arnold, S. 254.

nicht blos dieselben guten Quellen gehabt, wie Zorn, sondern im Ganzen auch in gleichem Ton und Geist geschrieben . . . . . . . Dem Abdruck ist der Flersheim'sche Text zu Grunde gelegt worden, da uns weniger darauf ankommt, die reine Zorn'sche Chronik, als möglichst viele und gute Nachrichten zu erhalten. Zudem steht die Flersheim'sche Arbeit in Hinsicht der Zeit der ursprünglichen Abfassung so nahe, daß beide Texte recht wohl für die Arbeit eines einzigen Autors gelten könnten." Und wer möchte behaupten, daß Zorn, der nach Vollendung seiner ersten Arbeit im Jahre 1570 noch 40 Jahre lebte, an der spätern Vervollständigung seiner Chronik keinen Antheil gehabt hätte? Wer möchte die Wahrscheinlichkeit bestreiten, daß Flersheim, der Zorn's Chronik noch zu dessen Lebzeiten so bedeutend erweiterte, daß sie die doppelte Ausdehnung der ersten Abfassung erlangte, mit Zorn in keinerlei Verbindung gestanden hätte? Ist es denkbar, daß diese beiden Männer, deren historische Arbeiten in so inniger Beziehung zueinander standen, daß sie sich gegenseitig ergänzten und schon im Jahre 1610, dem Todesjahre Zorn's, in einer Handschrift als ein Werk existirten, im Leben sich ganz und gar fremd geblieben und in keinen wissenschaftlichen Verkehr miteinander getreten sein sollten? Jedenfalls hat die letztere Vermuthung weit mehr Wahrscheinlichkeit für sich, als die Annahme des Herrn Hohenreuther: „Flersheim könne wohl auf Privatwegen Kenntniß von Spalatin's Annalen bekommen und dann seinen Zusatz als eine neue Entdeckung ohne weiteres der Zorn'schen Chronik beigefügt haben!" Flersheim, der noch von seinem Vater und vielen anderen Augenzeugen in Worms selbst erfahren haben konnte, wo Luther's Verhör stattgefunden hatte, sollte in Altenburg auf Privatwegen Erkundigung eingezogen haben, ob in dem literarischen Nachlaß Spalatin's — nicht handschriftliche Aufzeichnungen zu finden seien, aus denen man ersehen könne, in welchem Locale zu Worms Luther's Verhör vor dem Kaiser und den Reichsständen stattgefunden habe! Auf solchem Wege sollte ein Wormser Chronikschreiber, dessen Vater im Jahre 1525 bischöflicher

Lehensträger wurde, seine Nachrichten über die Vorgänge in Worms auf dem Reichstage von 1521 eingezogen haben! Und unser Gegner, der, um seine Aufgabe zu lösen, zu so abenteuerlichen Vermuthungen seine Zuflucht genommen hat, beschuldigt uns „Geschichte zu machen", wenn wir bei der Ansicht beharren, daß obiger Zusatz, welchen Flersheim zu Zorn's Lebzeiten in die Chronik aufgenommen hat, letzterem nicht unbekannt geblieben sein könne, wenn gleichwol dieser Zusatz in der ältesten Zorn'schen Handschrift vom Jahre 1570 nicht enthalten ist. Sei dem nun, wie ihm wolle. Wenn der Zusatz, daß Luther in des Bischofs Hof erfordert wurde, auch von Flersheim allein herrührt, so wird der Werth dieses Zeugnisses dadurch nicht im mindesten geschwächt, da Flersheim hierüber so gut unterrichtet sein konnte, wie Zorn selbst, und so bleibt die Zorn-Flersheim'sche Chronik auch nach den Hohenreuther'schen Anfechtungen ein Hauptbeweismittel für die Thatsache, daß Luther's Verhör in dem Bischofshof und nicht im Bürgerhof stattgefunden hat. —.

Wir gehen nun zu der vierten Zeugenaussage über, nämlich zu

*Goldast's Zeugniß.*

Goldast's „Politica imperialia" (Frankfurt 1614). Goldast berichtet auf Seite 1095 seines Werkes wie folgt*):

„Und alsbald nach vier Uhr, desselben Tages, kamen Ulrich von Pappenheim und Caspar Sturm, kaiserl. Reichsherold, welche denselben (Luther) erforderten und durch den Garten des Rhodiser Hofs in die Herberge des Pfalzgrafen begleiteten. Und damit ihm von der Menge nichts widerführe, welche auf dem geraden Wege zu **des Kaisers Wohnung** (ad Caesaream domum) groß war, wurde er durch verborgene Gänge (per gradus quosdam abditos) in den Verhörsaal (in auditorium) geführt; es blieb jedoch Vielen nicht verborgen, die kaum durch Gewalt vom Eingang abgehalten werden konnten; die Meisten kletterten, in ihrem Eifer, Luther'n zu sehen, an Rebengeländern hinan . . . . . . . . . . . . .

---

*) Wir geben den Text in wortgetreuer Uebersetzung der betreffenden Stellen.

„Da sprach der Kaiserl. Orator Johann Eck, auf Befehl des Kaisers zuerst lateinisch, sodann deutsch, wie folgt: . . . .

„Nach diesem und hierauf antwortete Dr. Martinus lateinisch und deutsch Folgendes: . . . . . . . . . . . . . .

„Des folgenden Tages auf Donnerstag, nach 4 Uhr des Nachmittags kam der Reichsherold, holte D. Martin ab und führte ihn in des **Kaysers Hof** (in Curiam Caesaris), wo er wegen der Fürsten Geschäfte bis 6 Uhr blieb und unter einem großen Haufen Volkes wartete . . . . . . . . . . . . . . . . . . Dieses sagte der Official lateinisch und deutsch . . . . . .

„Hierauf antwortete Doctor Martinus ebenfalls lateinisch und deutsch."

Dieses Zeugniß ist klar und deutlich. Eine Mißdeutung ist hier nicht möglich. Goldast sagt mit bestimmten Worten: Luther wurde durch den Garten des Rhodiser Hofs in die Herberge des Pfalzgrafen und von da durch verborgene Gänge in den Verhörsaal in des Kaisers Wohnung geführt, und am darauffolgenden Tage Donnerstags führte ihn der Reichsherold in des Kaisers Hof.

Gegenüber einer so klaren und bestimmten Angabe sollte man einen Einwand kaum für möglich halten. Herr Hohenreuther versucht diesmal auch wirklich nicht, eine neue Interpretation der Worte Goldast's aufzustellen; er wirft nur mit der kindlichsten Naivetät von der Welt die Frage auf: wie man aus diesen Worten einen Beweis ziehen wolle, Luther sei nach dem Bischofshofe geführt worden?

Sollen wir uns wirklich die Mühe geben, diese Frage zu beantworten? Nein, das erwartet wol unser Gegner selbst nicht. Der unbefangene Leser wird aus dem Zeugnisse Goldast's selbst entnehmen, daß es mit den Angaben Luther's, Spalatin's und der Wormser Chronik ganz und gar übereinstimmt, und somit können wir uns der Mühe überheben, ein weiteres Wort zur Vertheidigung dieses zuverlässigen Gewährsmannes hinzuzufügen.

Wir kommen nun zu dem fünften und letzten Zeugnisse, nämlich zu

*Seckendorf's Zeugniß.*

Seckendorf's „Historia Lutheranismi".*)

Seckendorf berichtet über Luther's Verhör vor dem Reichsrath wie folgt:

„Es wurde nämlich Lutherus den 17. April von dem Reichs-Erbmarschall von Pappenheim Vormittags citirt, auf den Nachmittag in dem Reichs-Rath zu erscheinen . . . . . . . . .

„Abends gleich nach 4 Uhr, kam dieser Herr wiederum, und holte Lutherum ab, also daß er und der Herold Caspar Sturm vor ihm herging und ihn durch Gärten und Häuser um des zulaufenden Volkes willen in die öffentliche Reichsversammlung (in consessum publicum) führten, doch lief das Volk häufig zu und stiegen sogar auf Dächer und Häuser, ihn zu sehen.

„Des folgenden Tags, den 18. April wurde er wiederum Abends um 4 Uhr zur Audienz durch den Herold geführt, mußte aber bis 6 Uhr, unter einer großen Menge Volks warten."

Da Seckendorf den Ort, wo der Reichsrath versammelt war, nicht mit Namen nennt, sondern nur bemerkt, daß Luther, um dem Andrang des herzulaufenden Volkes auszuweichen, „durch Häuser und Gärten" nach dem Sitzungslocale geführt worden sei, so würde diese Angabe, für sich allein betrachtet, wenig oder nichts beweisen. Sie gewinnt jedoch an Bedeutung, wenn man sie mit den bereits erwähnten Aussagen Luther's und Goldast's zusammenhält, welche „des Kaisers Herberge" als den Ort bezeichnen, wo der Reichsrath versammelt gewesen, zugleich aber auch erwähnen, daß Luther „durch heimliche Gänge", „durch den Garten der Rhodiser" und „des Pfalzgrafen Herberge" in des Kaisers Herberge geführt worden sei. Wenn aber der Weg, wie ihn Seckendorf beschreibt, mit dem Wege übereinstimmt, wie ihn Luther und Goldast angegeben haben, so muß auch das Endziel des Weges dasselbe gewesen sein, und so kann Seckendorf's Zeugniß, in Verbindung mit den Angaben von Luther und Goldast, allerdings als eine

---

*) Seckendorf's lateinische Ausgabe, S. 152, deutsche Ausgabe, S. 348 u. 351.

Beweisstelle zur Unterstützung unserer Behauptung angeführt werden. Wenn Herr Hohenreuther dieses Zeugniß durch die Behauptung zu beseitigen glaubt, daß Gärten gleichmäßig auf dem Wege von Luther's Herberge nach dem Bürgerhof, wie nach dem Bischofshof, von der Hauptstraße abgelegen, vorhanden gewesen seien, so wird jeder Unbefangene aus dem Grundriß der Stadt Worms sich überzeugen, daß diese Behauptung mindestens höchst unwahrscheinlich ist. Der Weg von Luther's Herberge nach dem Bürgerhof führte durch die Mitte der Stadt, wo die Häuser am dichtesten zusammengedrängt waren, und wo sich zu Luther's Zeiten, als die Bevölkerung das Fünffache der heutigen betrug, gewiß keine Gärten befanden. Wol fanden sich aber Gärten in jenem abgelegenen Stadttheile, durch welchen Luther nach dem Bischofshofe geführt wurde.

Nachdem wir nun die quellenmäßigen Beweisstellen, da wo sie in der Schrift „Rathhaus oder Bischofshof" verstümmelt, gefälscht, verschwiegen, oder aus dem Zusammenhange gerissen waren, in ihrer Reinheit, Vollständigkeit und richtigen Verbindung wiederhergestellt und die Anfechtungen und Verdächtigungen, durch welche die Glaubwürdigkeit derselben angetastet worden war, als unbegründet zurückgewiesen haben: wird die Thatsache, daß Luther in dem Bischofshof vor Kaiser und Reich gestanden, wol als unzweifelhaft feststehend betrachtet werden können; denn Luther selbst, Spalatin, die Zorn-Flersheim'sche Chronik, Goldast und Seckendorf liefern die Belege dazu. Allein nicht nur das Verhör Luther's, sondern auch frühere und spätere auf seine Angelegenheit bezügliche Verhandlungen, wenn der Kaiser selbst an denselben theilnahm, haben, wie gleichfalls erwiesen ist, in dem bischöflichen Palaste stattgefunden.

Ranke, der die Reichstagsacten vom Jahre 1414 bis zum Jahre 1551 mit einem Fleiße und einer Gründlichkeit wie kein anderer durchgesehen hat, berichtet in seiner „Deutschen Geschichte im Zeitalter der Reformation", I, 375, daß jene große Reichstagssitzung am 13. Februar, in welcher ein Edict zur Ausführung der päpstlichen Bannbulle zur Berathung vorgelegt wurde, „in der kaiserlichen Herberge" stattgefunden habe, und auf Seite 387 berichtet er weiter, daß der Kaiser am 25. Mai auf dem Rathhause erschienen sei, um die Formalität der Annahme der Beschlüsse über Regiment, Gericht und Matrikel persönlich zu vollziehen, daß er aber nachher mit den anwesenden Reichsständen „nach seiner Wohnung in den bischöflichen Palast" zurückgegangen sei und daß er hier das von dem päpstlichen Nuntius Aleander vorher abgefaßte Edict den Ständen zur Genehmigung habe vorlegen lassen. Es ist demnach erwiesen, daß nicht allein das Verhör Luther's am 17. und 18. April, sondern auch die Sitzung am 13. Februar, welche den Beschluß, daß Luther vor die Reichsversammlung citirt werden solle, zur Folge hatte, und endlich die Genehmigung des auf den 8. Mai zurückdatirten kaiserlichen Edictes vom 26. Mai durch die Reichsstände am 25. Mai im bischöflichen Palaste stattgefunden hat.

Wir wenden uns nun zur Beantwortung einer andern Frage:

## III.

**Welche Phasen hat die Frage: in welchem Locale Luther vor Kaiser und Reich gestanden? seit dem Ende des sechzehnten bis um die Mitte des neunzehnten Jahrhunderts durchlaufen?**

*Geschichte der Frage: Im 16. Jahrhundert.* In der ersten Zeit nach jenen denkwürdigen Apriltagen, als noch Augenzeugen lebten, welche jenes große, weltgeschichtliche Ereigniß selbst mit angesehen hatten, wußte man natürlich ganz bestimmt, in welchem Locale Luther am 17. und 18. April 1521 vor dem Reichsrath erschienen war. Allein aus der Zorn-Flersheim'schen Chronik vom Jahre 1604 haben wir bereits ersehen, daß schon im *Im 17. Jahrhundert.* Anfange des 17. Jahrhunderts die irrige Meinung bei dem gemeinen Manne angetroffen wurde, Luther's Verhör habe auf dem Bürgerhof stattgefunden. Zur Entstehung und Beförderung dieser irrigen

Meinung hat ohne Zweifel sehr wesentlich die oben mitgetheilte Stelle in Luther's Bericht beigetragen, wo erzählt wird, daß Luther durch den Deutschen Hof in des Pfalzgrafen Herberge und also durch heimliche Gänge auf das Rathhaus geführt worden sei, weil auf dem geraden Wege nach des Kaisers Herberge eine dichte Volksmenge versammelt gewesen sei. Dieser Wegweiser war und ist heute noch für jeden unverständlich, der die Lage und Bedeutung der von Luther genannten Localitäten nicht kennt. Wer nicht weiß, daß des Pfalzgrafen Herberge im Schwanen, also unmittelbar neben Luther's Herberge war; wem es unbekannt ist, daß unter dem Rathhaus in des Kaisers Herberge nichts anderes als der bischöfliche Palast verstanden werden kann, weil eben des Kaisers Herberge im Bischofshof und nicht im Bürgerhof war, dem wird die betreffende Stelle in Luther's Bericht immer dunkel bleiben. Und so kam es denn auch, daß man in den zahlreichen Beschreibungen der Wormser Tage, welche später mit Benutzung jenes ausführlichen, von Luther selbst herrührenden Berichts verfertigt und durch den Druck verbreitet wurden, die erwähnte, den Weg nach des Kaisers Herberge bezeichnende Stelle in derselben Weise abgekürzt findet, wie sie Herr Hohenreuther, aber freilich aus ganz entgegengesetzten Motiven, abgekürzt hat. Die Verfasser jener Beschreibungen ließen die ihnen unverständlichen Andeutungen des von Luther bezeichneten Weges „aus dem Deutschen Hof in des Pfalzgrafen Herberge und also durch heimliche Gänge nach dem Rathhaus in des Kaisers Herberge" ganz einfach weg und sagten in kurzen Worten: „Luther wurde in das Rathhaus geführt". Diese Beschreibungen wurden auch in Worms verkauft; sie wurden fast in jeder protestantischen Familie angetroffen, und als die Augenzeugen jenes Reichstags alle von dem irdischen Schauplatze abgetreten waren und jene Beschreibungen die einzige Quelle blieben, aus denen der gemeine Mann über die Verhandlungen mit Luther sich belehren konnte, wurde das Wort „Rathhaus" — so aus dem Zusammenhange gerissen, in welchem es in Luther's Bericht steht — auf das städtische Rathhaus oder den

Bürgerhof bezogen und das um so mehr, als dieses Local häufig zu Berathungen von Reichsversammlungen benutzt wurde. Neben dieser mehr in den niedern Schichten der Bevölkerung sich bewegenden Sage erhielt sich in den ältesten patrizischen Familien die auf geschichtlicher Wahrheit fußende Tradition, daß Luther in dem Bischofshof vor Kaiser und Reich gestanden, und eine dritte Sage bezeichnete die neue Münze, welche auch das „neue Rathhaus" genannt wurde, als das Local, in welchem Luther's Verhör vor dem Reichsrath stattgefunden habe. Diese Tradition mag wol dem Umstande ihre Entstehung verdanken, daß das neue Rathhaus, welches erst im Jahre 1486 erbaut wurde, weit prächtiger war, als der alte Bürgerhof, und weil man sich das weit geschmackvollere neue Rathhaus als ein geeigneteres Local für die Abhaltung eines so glänzenden Reichstags vorstellen mochte, zumal man wußte, daß auch Kaiser Maximilian im Jahre 1494 in demselben den Huldigungsact vorgenommen hatte.

So bildeten sich nebeneinander drei verschiedene Sagen zu förmlichen Traditionen aus; wer sich jedoch die Mühe geben wollte, nach schriftlichen Urkunden zu forschen, um sich zu überzeugen, welche von diesen drei Sagen wol die historisch berechtigte sei, der konnte wenigstens bis zum Jahre 1689 seine Wißbegierde befriedigen. In den Rathsprotokollbüchern der Stadt Worms, welche nicht blos Statuten und Rathsverhandlungen, sondern auch Aufzeichnungen merkwürdiger Begebenheiten enthielten, in Reichstagsacten, welche ohne Zweifel auch im Wormser Archiv anzutreffen waren, in Chroniken und alten Urkunden waren bis zum Stadtbrand gewiß auch sichere Nachrichten über das Local zu finden, in welchem Luther's Sache verhandelt wurde.

*Verbrennung der Stadt im Jahre 1689.* Allein mit dem unheilvollen Jahre 1689, in welchem die unglückliche Stadt von den französischen Mordbrennern in einen Schutt- und Aschenhaufen verwandelt wurde, ist der Faden der Geschichte zerrissen. Das städtische Archiv mit seinem reichen Inhalt wurde größtentheils von den Flammen verzehrt; was gerettet wurde, war lange Zeit verschleppt und zerstreut; die Brücken aus der Vergangenheit in die Gegenwart waren seit jenem Jahre des Unheils abgerissen. Vergebens suchte der Geschichtsfreund nach dem Jahre 1689 in dem Archiv der alten Reichsstadt nach sichern Nachrichten über die ewig denkwürdigen Apriltage 1521. Es war hierüber nichts mehr zu finden. Die Aufzeichnungen der Augenzeugen und derjenigen, welche noch unter ihnen gelebt hatten, waren zu Grunde gegangen und nur die drei Sagen vom Bischofshof, vom Bürgerhof und der Münze haben die Zerstörung der Stadt überlebt. Das Exemplar der Zorn = Flersheim'schen Chronik, welches den Zusatz enthält, daß Luther „im Bischofshof und nicht im Bürgerhof, wie der gemeine Mann meint", vor Kaiser und Reich gestanden, wurde erst am 30. April 1756 durch Elias Christoph Hanitzsch aus Darmstadt der Stadt Worms verehrt, wie eine Notiz auf dem ersten Blatte besagt. Allein auch nach dieser Zeit lag jenes Exemplar noch 65 Jahre (von 1756—1821) im städtischen Archiv, ohne daß irgendjemand jene werthvolle Notiz bezüglich des Bischofshofs entdeckt und ans Licht gezogen hätte, bis sie endlich im Jahre 1821 durch den damaligen evangelischen Pfarrer Zimmer aufgefunden und dem Dunkel des Archivs entrissen wurde, wie wir weiter unten nachweisen werden. Der lange Zeitraum von 1689 bis 1821, welcher 132 Jahre umfaßt, kann somit in Bezug auf die Frage, die uns hier beschäftigt, als die Periode der vollständigsten Finsterniß bezeichnet werden, in welcher bald die eine, bald die andere der drei Sagen bei Jubiläen und sonstigen festlichen Gelegenheiten von den Rednern in ihren Vorträgen benutzt wurde.

Nach dem Friedensschluß vom Jahre 1697 kehrte der Magistrat, welcher acht Jahre in Frankfurt sich aufgehalten hatte, nach Worms zurück, und es wurde nun mit allem Eifer an dem Wiederaufbau der Stadt gearbeitet. Im Jahre 1709 wurde der Grundstein zur Dreifaltigkeitskirche gelegt. Dieselbe wurde an der Stelle der ehemaligen Münze erbaut, und man wird es ganz natürlich finden, daß die evangelisch=lutherische Geistlichkeit der Stadt, um diesem pro-

Im 18. Jahrhundert.

testantischen Gotteshause eine besondere Weihe zu geben, bei dem
Mangel an historischen Beweisen jene Sage, nach welcher Luther
in der Münze vor dem Reichsrath erschienen sei, mit der Wahl
dieses Platzes in Verbindung brachte. Ist diese Sage auch nicht
geschichtlich begründet, so war sie doch ganz geeignet, dem neuen
Tempel für das evangelisch-lutherische Bekenntniß den Zauber der
Poesie zu verleihen, und diesen erhielt er dadurch, daß man bei der
Grundsteinlegung eine Münze mit der Inschrift prägte:

> So setzt mich Gott nun an den Ort,
> Wo Luther eh' bekannt sein Wort.

Am 31. Juli 1725 wurde die Dreifaltigkeitskirche eingeweiht.
Die Festreden, welche bei dieser Gelegenheit gehalten wurden, liegen
noch vor; sie wurden herausgegeben unter dem Titel: „Wormsisches
Denkmal........ bei Einweihung der neuen Kirchen, zur heiligen
Dreifaltigkeit genannt." Diese Schrift enthält

1) einen kurzen Bericht von Erbauung und Einweihung der neuen
evangelisch-lutherischen Kirche von M. J. M. Lautz, Minist.
Sen. und des Gymn. Visit.;
2) die Einweihungspredigt von demselben J. M. Lautz;
3) die Dankpredigt vom Pfarrer Phil. P. Götz und
4) die Vermahnungspredigt von dem Prediger J. Meyern.

Es war wol zu erwarten, daß jeder der genannten drei Festredner bei dieser Gelegenheit die Sage benutzen würde, daß an
derselben Stelle, wo jetzt die neue Kirche steht, Luther einst vor
204 Jahren sein heldenmüthiges Bekenntniß vor Kaiser und Reich
abgelegt habe, und wäre es auch nur um der gewaltigen Wirkung
willen, welche diese Erwähnung auf die Gemüther der Zuhörer in
einem so feierlichen Augenblicke machen mußte. Und siehe da! der
erste Redner, Mag. Lautz, „der gelehrte Mann", der, wie Herr
Hohenreuther auf Seite 15 und 16 seiner Schrift rühmend anerkennt,
mit der Chronik der Stadt Worms höchst vertraut war, dessen
handschriftliche Memorabilien von Erbauung der Stadt bis zur Re-

formation und von da bis zum Brand der Stadt Herr Hohenreuther auf einer Auction an sich gebracht hat, sagt in seiner Einleitung nur, „daß der Magistrat der Stadt Worms einen Platz auf dem Markt, wo ehedessen der Stadt Ambt=Haus, die sogenannte Münz gestanden, dem Bau dieser Kirche gewidmet habe". Daß aber Luther an diesem Orte, oder in dessen nächster Nähe einst sein Wort bekannt habe, davon sagt der gelehrte Lautz weder in seinem Berichte noch in seiner Einweihungsrede auch nicht eine Silbe. Dieser gelehrte Mann, der beim Brand der Stadt schon 15 Jahre alt war, wußte höchst wahrscheinlich, daß Luther in des Kaisers Herberge im Bischofshof sein Wort bekannt hatte, und da er den harmlosen Glauben, welchen man 16 Jahre vorher bei der Grund=steinlegung durch das Prägen jener Münze in der evangelischen Ge=meinde zu befestigen gesucht hatte, nicht zerstören wollte, so zog er es vor, über diesen Punkt lieber ganz zu schweigen, um mit seiner historischen Ueberzeugung nicht in Conflict zu gerathen.

Der zweite Festredner Pfarrer Götz dagegen wies in seiner Rede vermuthlich auf den Bürgerhof hin, als den Ort, „an welchem, wie die gemeine Meinung und Sage bisher gewesen und noch sei, Luther vor 204 Jahren die größte Probe seines Glaubens und theologischen Heldenmuths gegeben habe". Diese Stelle hat Herr Hohenreuther jedoch in einer solchen Weise citirt, daß der Leser nothwendig glauben muß, der gelehrte Lautz habe selbst diese Worte gesprochen.

Der dritte Festredner endlich, Prediger Meyern, benutzte in seiner Festrede die Sage, daß „allhier, an diesem Ort", d. h. der vormaligen Münze, der Glaubensheld Luther das reine Evangelium bekannt habe.

Aus dem beredten Schweigen des Mag. Lautz und aus den Anspielungen der beiden Redner Götz und Meyern geht demnach hervor, daß eine jede der drei Traditionen: der Bischofshof, der Bürgerhof und die Münze in einem der Festredner ihren Vertreter gefunden hat. Darum ist aber auch durch diese Redner in Bezug auf die Frage, um die es sich hier handelt, weiter nichts zu beweisen, als daß die drei Sagen des 17. Jahrhunderts auch im 18. Jahrhundert noch vorhanden waren.

Die nächste Veranlassung, bei welcher der wichtigsten Momente aus der Geschichte der Stadt Worms in Festreden gedacht wurde, war das Denk-, Lob- und Dankfest, welches der Magistrat am hundertsten Gedächtnißtage der im Jahre 1689 erlittenen Einäscherung und seitdem erfolgten Wiederherstellung der Stadt auf Pfingsten des Jahres 1789 angeordnet hatte. Der Rector und Professor des Gymnasiums G. P. Herwig hielt bei dieser Gelegenheit eine Festrede, in welcher er die mancherlei Schicksale der Stadt Worms darstellte. Nachdem er auf Seite 18 seiner Rede erwähnt hatte, daß Maximilian I. am 15. Juni 1494 sich persönlich auf die neue Münz begeben und die ganze Bürgerschaft vor ihm auf dem Markt sich hatte huldigen lassen, fährt er auf Seite 19 also fort:

„das Jahr 1521 war das für Worms berühmte Jahr, in welchem Dr. Luther sein Zeugniß für die Wahrheit vor dem Kaiser Karl V., vor den Kurfürsten ꝛc. ablegte..... Diese wichtige Handlung geschah den 17. und 18. April Mittwochs und Donnerstags. Der Ort, wo der Kaiser die Versammlung hielt, war ohne Zweifel der, wo der Kaiser Maximilian nicht lang vorher seine Verrichtungen vornahm. In Nachrichten hiervon wird der Name neue Münz, Burgerhof, in der Rathsstube, in dem Rathhaus, Richthaus, in des Kaisers Hof, in der Kaiserstube gebraucht."

Der Festredner Rector Herwig hielt demnach die neue Münze für den Ort, an welchem Luther vor Kaiser und Reich gestanden habe. Er erwähnt die verschiedenen Namen, welche man in Nachrichten bezüglich des Locals, in welchem jene Reichsversammlung stattgefunden habe, gebrauche; allein den Bischofshof erwähnt er nicht, und daraus geht hervor, daß auch der Rector Herwig, der doch wol damals einer der unterrichtetsten Männer der Stadt Worms war, die beiden wichtigsten Quellen, nämlich Spalatin's Annalen und jene Zorn-Flersheim'sche Chronik, die sich nun schon 35 Jahre im Wormser Archiv befand, nicht gekannt hat, sonst würde er unter den Namen, die man gebrauche, gewiß auch den Bischofshof erwähnt haben.

Wir stehen nun am Anfang der französischen Revolution, welche die vielgeprüfte Stadt während einer Reihe von Jahren in neue Kriegsbedrängnisse und unter die Fremdherrschaft bis zum Jahre 1814 gebracht hat. Diese ereignißvolle Sturm- und Drangperiode der deutschen Geschichte war auch nicht geeignet, den Geschichtsforscher anzuregen, im Staub und Moder der Archive Nachsuchungen über Fragen von ganz untergeordneter localer Bedeutung anzustellen, und so waren die für die Entscheidung unserer Frage wichtigsten Geschichtsquellen immer noch in dasselbe Dunkel gehüllt, als die dritte Jubelfeier der Reformation am 31. October 1817 abermals Veranlassung gab, auch der größten Glaubensthat des Reformators, die er im Jahre 1521 in Worms vollbracht, in den Festreden zu gedenken. Der Inhalt der verschiedenen bei dieser Veranlassung gehaltenen Reden beweist, daß man bei der fortdauernden Unkenntniß der hier maßgebenden Geschichtsquellen sich lediglich an die Sagen hielt, wie wir sie schon bei der Einweihungsfeier der Dreifaltigkeitskirche im Jahre 1725 kennen gelernt haben.

*Im 19. Jahrhundert.*

Kirchenrath Graf sagt in seinem Berichte „von dem Ursprung und Fortgang der Kirchenverbesserung zur Feier des dritten evangelischen Jubelfestes" auf Seite 32:

„Zum Gedächtniß der größten Begebenheit aus Luther's Leben, seiner Vertheidigung vor dem Reichstag in Worms, haben vor 100 Jahren die christlichen Vorfahren die evangelische Hauptkirche an der Stätte erbaut, wo höchst wahrscheinlich das Gebäude gestanden hat, in welchem die Reichsversammlung gehalten wurde."

Auch in der Festpredigt von Pfarrer Zimmer findet man damals noch dieselbe Ansicht vertreten, denn von der Dreifaltigkeitskirche redend, sprach er:

„In diesem Hause, das aus den Trümmern eines zerstörten alten denkwürdigen Gebäudes sich erhob, in welchem Luther vor Kaiser und Reich seine Lehre bestätigte."

Einen schlagenden Beweis für unsere Behauptung, daß man damals, als das Wormser Archiv sich noch in größter Unordnung befand, nicht einmal wußte, daß in demselben sogar mehrere Handschriften der Zorn'schen Chronik existirten, finden wir in der Einladungsschrift des Directors Schneidler zu den öffentlichen Prüfungen des Gymnasiums vom Jahre 1817. In diesem Programm, in welchem der Director einen geschichtlichen Ueberblick der Schicksale des Gymnasiums seit seiner Gründung im Jahre 1527 gab, lesen wir folgende Stelle:

„Nur einen Mann von ausgezeichnetem Namen habe ich in dieser langen Periode bis zum Stadtbrande finden können, nämlich den Herrn Magister Fr. Zorn, fünfundvierzigjährigen Rector an der Schule, welcher im Jahre 1610 starb und eine Chronik von Worms hinterließ, die sich in der Stadtbibliothek zu Frankfurt befinden soll."

Wenn selbst der gelehrte Schneidler, der sich so lebhaft für die Geschichte unserer Stadt interessirte, nach dreizehnjährigem Aufenthalt in unserer Mitte im Jahre 1817 noch nicht wußte, daß die Zorn'sche Chronik nicht allein in dem Frankfurter, sondern auch in dem Wormser Archiv zu finden war, so wird man unsere Behauptung gewiß nicht länger bezweifeln, wenn wir sagen, daß eins der wichtigsten Zeugnisse für die Entscheidung unserer Frage hier in Worms in der Nacht eines Jahrhunderts begraben lag.

Indessen ist der Tag jetzt nicht mehr fern, wo ein Licht in diese hundertjährige Finsterniß bringen sollte. Nach wenigen Jahren rüstete man sich wieder, ein für unsere Stadt ganz besonders bedeutungsvolles Fest zu begehen; es war der Erinnerung an jenen großen Tag geweiht, an welchem vor 300 Jahren Luther zu Worms sein heldenmüthiges Bekenntniß abgelegt hatte. An vielen Orten wurden zum Gedächtniß an jene große Glaubensthat alte Beschreibungen von Luther's Erscheinen vor dem Wormser Reichstag neuerdings abgedruckt, allein da diese Feier ja doch nur der That Luther's galt, deren Größe und Bedeutung in keiner Weise durch das Local bedingt ist, in welchem sie vollbracht wurde, so ließen sich die Herausgeber jener Beschreibungen natürlich in keine kritischen Untersuchungen über die Localität ein, in welcher Luther's Verhör stattgefunden habe; man beschränkte sich vielmehr darauf, die obenerwähnte Beschreibung der Wormser Tage theils aus Luther's, theils aus Mathesius' Schriften meist in abgekürzter Form abdrucken zu lassen. So machten es auch der Superintendent Nonnweiler in Mainz und Pfarrer Karbach in Mannheim, deren „Ansichten" unser Gegner auf Seite 9 seiner Schrift ebenfalls als Beweismittel für seine Behauptung angezogen hat, die wir aber, da der Ausdruck „in des Kaisers Hof" erwiesenermaßen den Bischofshof bedeutet, weit eher als Stützpunkt für unsere Ansicht anführen könnten, wenn durch solche Schriften überhaupt etwas bewiesen werden könnte. Auch Pfarrer Zimmer in Worms gab bei dieser Gelegenheit eine ausführliche Gedächtnißschrift heraus, betitelt: „Luther vor dem Reichstage zu Worms 1521." In dieser Schrift finden wir zum ersten Mal von einem neuern Schriftsteller den Bischofshof als das Local angegeben, in welchem Luther vor Kaiser und Reich gestanden. Zimmer hatte nämlich, wie er in der Vorrede bemerkt, ehe er seine Arbeit begann, nach Quellen geforscht, und zu diesem Zweck in Gemeinschaft mit seinem Freunde Hofrath Issel das durch wiederholte Auswanderungen in Unordnung gekommene und durch die letztern politischen Schicksale der Stadt vernachlässigte hiesige städtische Archiv mehrmalen durchsucht. Bei dieser Gelegenheit hat er jene handschriftliche Wormser Chronik entdeckt, welche der Stadt im Jahre 1756 von Hanitzsch in Darmstadt zum Geschenk gemacht worden war, und welche die obenerwähnte Angabe vom Bischofshof enthält. Außerdem hat Zimmer bei seiner Arbeit Spalatin's Annalen benutzt und somit gebührt ihm das unbestreitbare Verdienst, daß er der erste neuere Schriftsteller war, welcher die beiden wichtigsten Quellen für die Frage, um die es sich hier handelt, an's Licht gezogen hat. Auf Seite 68 seiner Schrift lesen wir:

„Bald nach 4 Uhr erschien Ulrich von Pappenheim mit dem Reichsherold Caspar Sturm wiederum in Luther's Herberge, um ihn in die Wohnung des Kaisers im bischöflichen Pallaste zu geleiten, wo nach sicheren Zeugnissen die Versammlung abgehalten worden ist."

Und auf Seite 74 fährt er also fort:

„des folgenden Tags, am 18. April, Nachmittags 4 Uhr kam der Kaiserl. Herold wiederum in seine Herberge und führte ihn in des Bischofs Hof, wo er unter einem großen Gedränge des Volks zwei Stunden warten mußte."

Nachdem nun die beiden wichtigsten Zeugnisse an's Licht gezogen waren, hatten die spätern Geschichtschreiber leichtere Arbeit. Sie brauchten nur die nun bekannten Quellen nachzuschlagen, um ihre eigene Ueberzeugung zu begründen.

Im Jahre 1825 erschien nun Pauli's „Geschichte der Stadt Worms". Derselbe spricht sich auf Seite 278 ebenfalls dahin aus, daß Luther „in die Wohnung des Kaisers im bischöflichen Palast und nicht den Bürgerhof geführt worden sei".

Für dieselbe Ansicht erklärte sich der als gründlicher Geschichtskenner bekannte Professor Th. Schacht auf Seite 17 und 20 seiner im Jahre 1829 erschienenen Schrift: „Der Reichstag zu Worms nebst Gedanken über die Reformation."

Zu dem nämlichen Resultate gelangte der verstorbene Gymnasiallehrer Dr. Lange auf Seite 39 und 138 seiner im Jahre 1837 herausgegebenen „Geschichte und Beschreibung der Stadt Worms".

Dr. Lange machte sogar schon im Jahre 1837 in Nr. 127 der Wormser Zeitung unter Anführung der obenerwähnten Beweisstellen den Vorschlag, die Stadt Worms möge im Heyl'schen Garten, welcher sich auf der Stätte der ehemaligen bischöflichen Wohnung befinde, ein Luther-Denkmal errichten, und wäre es nur ein einfacher Gedenkstein, wozu die gegenwärtigen Besitzer jenes Gartens gewiß bereitwillig die Hand bieten würden, da sonst keine weitere Spur die ewig denkwürdige Stätte jener großen Begebenheit bezeichne, und dieselbe sogar noch heutzutage von Manchen, die hierin einer althergebrachten Meinung folgten, bezweifelt werde. Dieser Vorschlag kam zwar damals nicht zur Ausführung, allein Niemand bezweifelte die Glaubwürdigkeit und Zuverlässigkeit jener Beweisstellen. Und so sind seit dem Jahre 1821 alle Gelehrten, welche sich für die Geschichte unserer Stadt interessirten und den Werth historischer Zeugnisse zu beurtheilen im Stande sind, stets der Ansicht gewesen, daß die Quellen, auf welche Zimmer, Pauli, Schacht und Lange ihre Angaben stützten, den vollsten Glauben verdienen. Darum hat es auch seit 40 Jahren als ausgemachte Thatsache gegolten, daß der Hehl'sche Garten, auf dessen Grund und Boden einst der Bischofshof gestanden, die historische Stätte sei, wo Luther vor Kaiser und Reich sich verantwortet habe.

Wir kommen nun zur Beantwortung der letzten Frage:

## IV.

**Welche Beweise hat Herr Hohenreuther für seine Behauptung erbracht, daß Luther nicht in der Wohnung des Kaisers im bischöflichen Palaste, sondern im Bürgerhof vor der Reichsversammlung sich verantwortet habe?**

So stand es mit dieser Frage, als am 17. December 1856 der Ausschuß des Luther-Denkmal-Vereins seinen Aufruf zu Beiträgen für Errichtung eines Luther-Denkmals zu Worms in die Welt gehen ließ. Anfangs hatte man zur Aufstellung des projectirten Denkmals den Marktplatz in's Auge gefaßt. Nachdem man aber im December 1858 in den beiden hiesigen Zeitungen eine dem „Christlichen Kunstblatt" entnommene ausführliche Beschreibung von Rietschel's großartigem Entwurfe, wie er nun wirklich zur Ausführung kommt, gelesen hatte, war es jedem Urtheilsfähigen, wenigstens hier in Worms, klar geworden, daß ein Denkmal von so kolossalen Dimensionen auf dem Marktplatze den erforderlichen Raum nicht finden könne; und da überdies wenige Monate vorher — im October 1858 — der Eigenthümer des historischen Platzes mit Tod abgegangen war, so hielt man es unter diesen veränderten Umständen nicht für unmöglich, daß der Heyl'sche Garten, als der geräumigste Platz innerhalb der Stadt und zugleich der vorzugsweise classische Boden für die Aufstellung des Denkmals gewonnen werden könne.

*Der Heyl'sche Garten seit Dec. 1858 in Aussicht genommen.*

Mit diesen schönen Hoffnungen begrüßte der Vereinsausschuß das Jahr 1859. Schon damals war das neue Aufstellungsproject an öffentlichen Orten und in geselligen Kreisen vielfach Gegenstand der Unterhaltung; wenn man auch die Besprechung in öffentlichen Blättern vorerst noch vermied, bis Rietschel, der im April 1859 selbst nach Worms kommen wollte, hier an Ort und Stelle von dem Heyl'schen Garten Einsicht genommen und sein Urtheil darüber abgegeben hätte.

*Beginn der Hohenreuther'schen Polemik im März 1859.*

Großes Befremden mußte es daher erregen, daß in einem Augenblicke, in welchem der Plan, das Luther-Denkmal auf der historischen Stätte der ehemaligen bischöflichen Wohnung aufzustellen, kaum aufgetaucht war, Herr Hohenreuther, obgleich selbst nicht Protestant, sich sofort berufen fühlte, in diese rein protestantische Angelegenheit sich einzumischen, indem er eine seit 1821 unbestritten anerkannte Thatsache in Abrede zu stellen und auf diese Weise dem Luther-Denkmal die historische Berechtigung auf jenen Aufstellungsplatz streitig zu machen suchte. Derselbe ließ nämlich im Monat März 1859 in dem Nürnberger „Anzeiger für Kunde der deutschen Vorzeit" und am 14. Mai 1859 auch in dem hier erscheinenden „Zeitspiegel" einen Aufsatz abdrucken, betitelt:

„Unterſuchung über die Räumlichkeit, in welcher der Reichstag in Worms im Jahre 1521 abgehalten worden." Man fragte ſich erſtaunt, welches Intereſſe wol den Herrn Gerichts=acceſſiſten verleitet haben könne, eine ſolche ungerechtfertigte Polemik hervorzurufen, da er doch in der Sache ſelbſt nicht allein nichts Neues zu Tage gefördert, ſondern ſogar bewieſen habe, daß er nicht einmal längſt Bekanntes wußte, was andere vor ihm gefunden hatten. Ob Herr Hohenreuther, wie einige glauben, die Thatſache, daß Luther's Angelegenheit im Biſchofshof verhandelt wurde, deshalb anzu=fechten ſuchte, weil er ſelbſt nicht gern geſehen hätte, daß ein Denkmal der Reformation auf derſelben Stätte ſich erhebe, auf welcher einſt der Palaſt der Biſchöfe von Worms geſtanden, oder ob er ſich, wie andere meinen, durch ſeinen frommen Eifer an einer ein=flußreichen Stelle empfehlen wollte, laſſen wir dahingeſtellt ſein. Uns beſchäftigt hier zunächſt nur, was Herr Hohenreuther geſchrie=ben hat, obgleich wir nicht verkennen, daß die Abſicht, warum er geſchrieben, Vieles in ſeiner Schrift beſſer erklärt, als die ſchla=gendſte Widerlegung.

„Die gegenwärtigen Vorbereitungen, Luther'n ein Standbild in Worms zu errichten — ſo beginnt Herr Hohenreuther ſeinen Auf=ſatz — hätten ihn zu dieſer Unterſuchung veranlaßt, da faſt ſämmt=liche Schriftſteller bisher dieſe Frage mit wenig hiſtoriſcher Gründ=lichkeit beſprochen hätten." Sodann zur Sache ſelbſt übergehend, ar=gumentirt er in folgender Weiſe; Man finde drei verſchiedene An=ſichten über die Localität, in welcher der Reichstag abgehalten worden ſein ſolle. Pauli und Lange in ihrer Geſchichte der Stadt Worms behaupten, derſelbe habe im biſchöflichen Palaſte ſtattgefunden; andere bezeichnen den Bürgerhof, und die Tradition nenne die Münze. In dem biſchöflichen Palaſt, ſagt Herr Hohenreuther, ſeien ſicher Räumlichkeiten geweſen, in denen ein ſo glän=zend vertretener Reichstag habe thronen können, allein er bezweifle, daß die von Lange angeführte Zorn'ſche Chronik etwas beweiſen könne, weil nicht der älteſte Text dieſer Chronik vom

Jahre 1570, sondern erst die später von Flersheim erweiterte Handschrift vom Jahre 1604 die Angabe: «auf dem Bischofshof und nit uf dem Bürgerhof, wie der gemeine Mann meint», enthalte, und weil er nirgends die Nachricht finde, daß überhaupt Reichstage in dem bischöflichen Palaste gehalten worden seien."

Daß solche Nachrichten und zwar unzweifelhafte existiren, haben wir weiter oben nachgewiesen. Wenn Herr Hohenreuther sie nicht gefunden hat, so ist dies nur seine eigene Schuld. Wenn Jemand mit angeblich neuen Untersuchungen vor die Oeffentlichkeit zu treten wagt, so erwartet man von ihm, daß er wenigstens die bisherigen Ergebnisse der Geschichtsforschung kenne, und sich nicht mit seiner eigenen Unwissenheit entschuldige.

In dem Münzgebäude — so argumentirt Herr Hohenreuther in seinem Aufsatze weiter — glaube er auch nicht, daß die Reichsversammlung getagt habe, obgleich die Volkstradition und die Denkmünze von 1709 diese Ansicht unterstütze, weil er bezweifle, daß dort so große Säle gewesen seien.

Dagegen sei er der Ansicht, daß fraglicher Reichstag auf dem Bürgerhof gehalten worden sei. Und warum glaubt er dies? Weil er in einer handschriftlichen Chronik der Stadt Worms aus dem Anfange (?) des vorigen Jahrhunderts, welche bis vor kurzem noch unbekannt (?) gewesen und in deren Besitz er durch einen Todesfall gekommen sei, folgende Stelle gefunden habe:

„anno 1521 als Dr. Mart. Lutherus uf den Reichstag gekommen und [uf dem Rathhaus oder Bürgerhof] vor Karl V. Röm. K. und den Reichsständen seine Religion befendirte" ꝛc.

Wir baten um die Vergünstigung, von dieser angeblich bis vor kurzem noch unbekannten, aus dem Anfange des 18. Jahrhunderts stammenden Chronik Einsicht nehmen zu dürfen, und überzeugten uns sofort, daß Herr Hohenreuther sich schon bei diesem ersten Citate zwei Unwahrheiten und eine Fälschung hatte zu Schulden kommen lassen. Es ist unwahr, daß diese Chronik „aus dem Anfang" des 18. Jahrhunderts stammt. Sie führt den Titel: „Civitatis

Vangionum annales collecti" eines unbekannten Verfassers und ist eine von den ältesten Zeiten bis auf das Jahr 1740 fortgeführte Geschichte der Stadt Worms. Diese Chronik wurde also frühestens um die Mitte des vorigen Jahrhunderts geschrieben. Es ist ferner unwahr, daß diese Chronik „bis vor kurzem noch unbekannt" gewesen; denn Lange führt sie auf Seite 175 seiner Geschichte der Stadt Worms unter den „ungedruckten Quellen" an, welche er benutzt habe. Dr. Lange hat also diese Chronik und die oben citirte Stelle gekannt, sah sich jedoch nicht veranlaßt, einer Aufzeichnung aus dem Jahre 1740 mehr Glauben zu schenken als dem Augenzeugen Spalatin, und dem Zeugnisse Flersheim's, der noch unter den Augenzeugen des Reichstags von 1521 gelebt hatte. Aber auch eine Fälschung hat sich Herr Hohenreuther in seinem obigen Citate erlaubt. Die eingeklammerten Worte „uf dem Rathhaus oder Bürgerhof" stehen nämlich in der Chronik nicht im laufenden Text, sondern zwischen den Zeilen von anderer Hand später eingeschoben liest man die Worte: „auf (nicht uf) dem Rathhaus oder Bürgerhof." Die Präposition „auf" unmittelbar nach dem von dem Verfasser der Chronik gebrauchten „uf" verräth zu deutlich den spätern Ursprung der Interpolation. Diesen spätern Ursprung wollte aber Herr Hohenreuther verheimlichen; deshalb hat er in seinem Citate die später eingeschobenen Worte in den laufenden Text aufgenommen und das zu modern klingende „auf" mit dem alterthümlichern „uf" vertauscht. Dieselbe Fälschung findet sich in einem ähnlichen Artikel, welchen Herr Hohenreuther nebst einer Abbildung des Bürgerhofs in der Leipziger „Illustrirten Zeitung" vom 20. August 1859 erscheinen ließ. Ein Druckfehler kann es nicht sein, denn die Vertauschung von „auf" mit „uf" findet sich in den drei verschiedenen Zeitschriften. In seiner neuesten Schrift „Rathhaus oder Bischofshof", wo er auf Seite 14 dieselbe Stelle citirt, hat er diese Fälschung vermieden, weil er inzwischen erfahren hatte, daß wir die frühere Täuschung entdeckt haben. — Wer sich bei einer wissenschaftlichen Arbeit solche Dinge erlaubt, wer gegen die gewöhnlichsten Regeln der historischen Kritik so gröblich verstößt, daß er in Bezug auf eine Thatsache aus 1521 die Aussage eines unbekannten Chronisten aus dem 18. Jahrhundert über das Zeugniß der zuverlässigsten Schriftsteller des 16. Jahrhunderts stellt, der hat damit bewiesen, weß Geistes Kind er ist, und daß es ihm nicht um Erforschung der Wahrheit, sondern um eine gehaltlose Sophisterei zu thun ist, bei der man sich jedes Mittels bedienen könne, das zum Zwecke führt.

Am Schlusse seines Artikels hat sich Herr Hohenreuther auch noch auf die im Eingange dieser Schrift erwähnte Unterschrift Hamann's unter seiner Abbildung der Kaiserstube vom Jahre 1690 bezogen. Diese Unterschrift enthält, wie wir gesehen haben, eine zwiefache Angabe. Insofern durch dieselbe bewiesen werden soll, daß die Reichstagssitzungen jederzeit auf dem Bürgerhof abgehalten worden seien, ist sie unrichtig, wie wir oben nachgewiesen haben. Was dagegen die Angabe betrifft, daß Karl V. in höchster Person anno 1519 (soll heißen 1521) auf damaligem großen Reichstag mit allen Kur- und andern Fürsten des Reichs in dieser Stube versammelt gewesen, so kann dies ohne Bedenken zugegeben werden, da Ranke aus den Reichstagsacten festgestellt hat, daß Karl V. wirklich zweimal persönlich auf dem Rathhause in der Versammlung der Stände erschienen ist, nämlich am 21. März und am 25. Mai 1521. —

Nachdem nun Professor Rietschel während seines Aufenthaltes in Worms im April 1859 den von dem Ausschusse in Aussicht genommenen Heyl'schen Garten eingesehen und denselben nicht allein für den geeignetsten, sondern unter den vorhandenen Plätzen sogar für den einzig möglichen erklärt hatte, falls man für die Ausführung des größeren Entwurfs sich entscheiden sollte und nachdem der größere Entwurf laut Rescripts großherzoglichen Ministeriums vom 15. Juli 1859 die allerhöchste Genehmigung erhalten hatte:

*Dr. Eich's Widerlegung des Hohenreuther'schen Artikels.*

traten wir in Nr. 123—126 der Wormser Zeitung vom 2.—7. August 1859 in vier Artikeln, betitelt: „Welches wäre wohl die geeignetste Stelle für das Luther-Denkmal?" dem Hohenreuther'schen Versuche, die seit 1821 gewonnenen Resultate der Geschichtsforschung anzufechten, und den längst überwundenen Standpunkt einer irregeleiteten Tradition wieder in Aufnahme zu bringen, mit den obenerwähnten zuverlässigen Angaben Spalatin's und der Zorn=Flersheim'schen Chronik entgegen.

Wir behaupteten, daß eine Thatsache, welche durch das Zeugniß eines Augenzeugen (Spalatin's) und eines Schriftstellers, der noch unter den Augenzeugen des Reichstags von 1521 gelebt (Zorn und Flersheim) erwiesen sei, nicht wohl auf Grund der abweichenden Angabe einer Chronik, deren Verfasser ungefähr 230 Jahre nach jenem Reichstage geschrieben, angezweifelt werden könne, und daß demnach die Thatsache, daß Luther im Bischofshof und nicht auf dem Bürgerhof vor Kaiser und Reich gestanden, als unzweifelhaft feststehend zu betrachten sei. Wir gaben jedoch zu, daß die Sitzungen, in welchen die rein politischen Angelegenheiten jenes Reichstags verhandelt wurden, immerhin auf dem Bürgerhof stattgefunden haben könnten. Ja wir sprachen sogar die Vermuthung aus, daß der Kaiser vielleicht absichtlich diese Verhandlung über eine rein kirchliche Frage in seiner Wohnung im bischöflichen Palaste vorgenommen habe. Einen Anhaltspunkt für eine außergewöhnliche Behandlung dieser religiösen Angelegenheit glaubten wir in dem Umstande zu finden, daß das kaiserliche Edict, welches Luther's Lehre verdammte, gleichfalls in den Zimmern des Kaisers durch den päpstlichen Legaten Aleander, und nicht auf dem Bürgerhof abgefaßt wurde, und daß in dem Reichsabschied von 1521 des Beschlusses der Reichsversammlung in der Sache Luther's auch mit keiner Silbe Erwähnung geschah.

Auf diese unsere in 4 Nummern der Wormser Zeitung vom 2.—7. August 1859 erschienene Widerlegung des Aufsatzes des Herrn Hohenreuther ließ dieser in der nächstfolgenden Nummer 127 vom 9. August eine Entgegnung erscheinen, in welcher er von vornherein das offenherzige Geständniß ablegte: er habe Spalatin's Zeugniß allerdings nicht gekannt, es sei daher seine frühere Ansicht, Luther's Verhör habe im Bürgerhof und nicht

*Hohenreuther's Erwiederung auf die vier Artikel von Dr. Eich.*

im bischöflichen Palaste stattgefunden, einigermaßen wankend geworden. Nichts desto weniger halte er die von Spalatin berichtete Thatsache noch nicht für unumstößlich, und um seine noch bestehenden Zweifel zu begründen, hebt er folgende sechs Bedenken hervor:

Erster Einwand: „Nach allen geschichtlichen Zeugnissen seien die Reichstage in Worms regelmäßig nur auf dem Bürgerhofe in der sogenannten Kaiserstube abgehalten worden."

Diese Behauptung ist aber durchaus unrichtig, wie wir oben aus urkundlichen Zeugnissen nachgewiesen haben. Das ist eben der große Irrthum unsers Gegners, daß er im Widerspruch mit so vielen geschichtlichen Beweisen fortwährend von der durch nichts bestätigten Voraussetzung ausgeht, daß alle Sitzungen der Reichstage ohne Ausnahme immer in einem und demselben Locale und zwar im Bürgerhof in der Kaiserstube stattgefunden hätten.

Zweiter Einwand: „Kein Autor erwähne, daß man „absichtlich" die Sache Luther's nicht in demselben Locale habe verhandeln wollen, in welchem die übrigen Reichsangelegenheiten verhandelt worden seien."

Aber die zuverlässigsten Schriftsteller berichten die Thatsache, daß Luther's Verhör im Bischofshofe stattgefunden habe, und wir haben kein Recht, die Richtigkeit dieser Angabe deshalb zu bezweifeln, weil die Schriftsteller nicht auch die Motive erwähnen, warum man Luther's Verhör in der Wohnung des Kaisers vorgenommen habe. Man kann sich darüber in Vermuthungen ergehen, die mehr oder minder wahrscheinlich sein mögen, allein die Thatsache selbst wird dadurch nicht in Frage gestellt.

Dritter Einwand: „Luther nenne in seinen Tischreden oft das «Rathhaus», auf welches er citirt worden sei, niemals aber den Bischofshof. Luther sei localkundig gewesen, er habe gewußt, wohin er geführt worden sei, denn ein Rathhaus sehe auswendig und inwendig ganz anders aus, als ein Bischofshaus."

In Luther's „Tischreden" findet man allerdings kurzweg das „Rathhaus" erwähnt. Allein an einer andern Stelle in Luther's Schriften, in dem ausführlichen Berichte über die Handlung vor dem Reichstage in Worms, der die wichtigste Quelle für diese Frage ist, wird ausdrücklich gesagt, daß Luther in das **Rathhaus in des Kaisers Herberge**, in das **Richthaus in des Kaisers Hof** geführt worden sei, wie wir oben ausführlich nachgewiesen haben. Es ist übrigens wahrhaft rührend, welch kindlich naive Vorstellung Herr Hohenreuther sich von diesem „Bischofshause" gemacht haben muß. Er dachte sich darunter, wie es scheint, eine bescheidene, für einen geistlichen Herrn bestimmte Wohnung, die inwendig und auswendig (wol durch Crucifixe und Heiligenbilder?) sich als eine geistliche Behausung zu erkennen gegeben habe. Der Herr Gerichtsaccessist scheint keine Ahnung davon zu haben, daß dieses „Bischofshaus" neben seiner Bestimmung, die Wohnung des Bischofs zu sein, während einer langen Reihe von Jahrhunderten auch zugleich die Herberge der Kaiser war, wenn sie nach Worms kamen; er scheint nicht zu wissen, daß es Jahrhunderte lang auch das Rathhaus war, in welchem die städtischen Angelegenheiten berathen wurden, bis die Bürger im 13. Jahrhundert es wagten, sich ein eigenes Haus zu bauen und „in demselbigen hernach des Bischofs ohngeachtet Rath zu halten und was Stadtsachen gewesen, zu verrichten"; es scheint ihm unbekannt zu sein, daß dieses Bischofshaus bis 1494 auch das Richthaus war, in dem die weltlichen Rechtshändel geschlichtet wurden. Und diesem colossalen Palaste mit seinen großen Sälen hätte Luther nach Herrn Hohenreuther's Meinung sofort inwendig und auswendig ansehen müssen, daß er in ein „Bischofshaus" und nicht in ein „Rathhaus" geführt worden sei!! Wenn Luther auch nicht localkundig war, so wußte er doch, wohin er citirt war, nämlich vor den Kaiser und die Reichsversammlung. Das Local aber, in welchem die Reichsversammlung zu Rath saß, nennt er das Rathhaus in des Kaisers Herberge, und von seinem zweiten Verhör sprechend: das Richthaus in des Kaisers Hof. Ob

Luther gewußt habe, daß dieses Gebäude sonst in Worms des „Bischofs Hof" genannt wurde, das läßt sich unmöglich ermitteln; es bleibt daher Jedem anheimgegeben, ganz nach Belieben sich hierüber eine Meinung zu bilden.

Vierter Einwand: „Auch der damals in Worms anwesende Kurfürst von Sachsen habe an seinen Bruder Johann geschrieben: Heute klaget er (Luther) über beschwerliche Geschäfte, damit er Tag und Nacht belästigt werde, indem er täglich acht bis neun Stunden auf dem Rathhauß sitzen müsse."

Diese Nachricht, welche unser Gegner in Seckendorf's Historie des Lutherthums, Sp. 365, gefunden haben will, soll erstens den Beweis liefern, daß Luther die Localitäten in Worms gekannt und zu benennen gewußt habe, und zweitens, daß der fragliche Reichstag in der That auf dem Rathhause abgehalten worden sei.

Wir haben die citirte Stelle, die allerdings als von einem Augenzeugen herrührend, von hoher Wichtigkeit wäre, in Seckendorf nachgeschlagen und hier wieder einen colossalen Betrug entdeckt. Seckendorf berichtet nämlich: „der **Churfürst Friedrich habe am 25. März einen Brief an seinen Bruder Johannem geschrieben, in welchem er** (der Kurfürst, aber nicht Luther, wie Herr Hohenreuther fälschlich angibt) **klage, daß er täglich 8 bis 9 Stunden auf dem Rathhauß sitzen müsse."** Daß unter diesem „er" unmöglich Luther zu verstehen sei, das wußte Herr Hohenreuther; denn in unmittelbarem Anschluß an die eben citirte Stelle führt Seckendorf sogleich noch folgende Aeußerung aus dem Briefe des Kurfürsten vom 25. März an: „Dr. Martinus ist hierher citirt, weiß nicht ob er kommen wird, es gehet alles langsam zu und kann ich nicht viel Gutes versprechen."

Herr Hohenreuther wußte demnach, daß dieser Brief am 25. März, also drei Wochen vor der Ankunft Luther's in Worms, geschrieben war. Ein Mißverständniß war nicht denkbar, weil, wie wir eben gesehen haben, der Kurfürst in dem nämlichen Briefe erwähnt, daß Luther citirt sei, daß er aber nicht wisse, ob er kommen werde. Um nun diese Täuschung, welche schon in seiner Entgegnung vom 9. August 1859 vorgekommen war, auch in seiner jüngsten Schrift fortzusetzen und das angebliche Zeugniß eines Augenzeugen für seine Behauptung, daß die Sache Luther's auf dem Rathhause verhandelt worden sei, auszubeuten, bemerkt Herr Hohenreuther in einer Anmerkung auf Seite 8 seiner Schrift „Rathhaus oder Bischofshof?": „das Datum 25. März sei jedenfalls irrthümlich, der Kurfürst habe sich, als er seinen Brief schrieb, im Datum geirrt, er habe statt 25. März den 25. April schreiben wollen, da ja Luther erst im April nach Worms gekommen sei, und es seien darunter die mit Luther nachträglich gehaltenen Privatconferenzen zu verstehen." Allein auch an einen Irrthum im Datum konnte unser Gegner selbst nicht glauben; denn er hatte ja gelesen, daß Luther erst citirt war und daß der Kurfürst selbst noch nicht wußte, ob Luther kommen werde; allein die Lösung der einmal übernommenen schwierigen Aufgabe: zu beweisen, daß der Hehl'sche Garten nicht die historische Stätte sei, sondern das Rathhaus oder der Bürgerhof, läßt ihn vor keinem Mittel zurückschrecken. Deshalb simulirt er einen Irrthum im Datum. Um übrigens unsern Gegner vollständig zu entwaffnen, haben wir zum Ueberfluß auch noch nach Weimar geschrieben und durch die freundliche Vermittlung des Herrn Oberhofpredigers Dr. Dittenberger von dem Großh. sächs. Archivar Herrn Burkhardt eine Abschrift der betreffenden Stelle aus dem Originalbriefe erhalten, welcher sich im Archiv zu Weimar (jetzt Reg. E fol. 21ᵇ) befindet; dieselbe lautet wörtlich wie folgt:

„Wie ich E. L. geschrieben, gehet es sehr langsam allhie von statten, und ich mag doch e. L. (euer Lieb) bei rechtem Glauben schreiben, daß ich weder Tag und Nacht keine Ruhe habe, es kommen viel Tage, daß wir des Tags VIII, VIIII Stunden auf dem Hause handeln, Gott füge es zum Besten."

Bezüglich des von Herrn Hohenreuther behaupteten Irrthums im Datum schreibt Herr Archivar Burkhardt:

„Hohenreuther's Deutung der Stelle ist **ganz falsch**, ebenso ist seine Behauptung **unrichtig**, daß das Datum, der 25. März, falsch sei. Der Kurfürst datirte nur nach Festen der Heiligen, nie nach der heutigen Weise. Der Brief ist datirt Worms am Tage annunciationis Marie anno XXI, was der 25. März ist, da dieser heillge Tag ein feststehender ist."

Es ist demnach keine Ausflucht mehr möglich, der Herr Gerichtsaccessist ist hier überführt, zur Erreichung seines Zweckes in einer wissenschaftlichen Arbeit sich einen offenbaren Betrug erlaubt zu haben.

Fünfter Einwand: „Er (Herr Hohenreuther) wisse zwar nicht, in welchem Jahre Spalatin seine Annalen verfaßt habe, noch wann sie herausgegeben worden seien; aber warum könne nicht angenommen werden, daß Spalatin sich vielleicht geirrt oder verschrieben habe, zumal das kaiserliche Hoflager sich allerdings damals im Bischofspalaste befunden habe?"

Das Lächerliche dieses Einwandes haben wir oben bereits nachgewiesen. Man sieht übrigens hieraus, wie die Tendenz unsers Gegners stets darauf hinauslief, alle Zeugnisse, welche die ihm mißliebige Thatsache beweisen, aus den nichtssagendsten Gründen anzuzweifeln und zu verdächtigen.

Sechster Einwand: „Warum sollte Flersheim nicht die Annalen Spalatin's gekannt und seine Notiz diesen entnommen haben? Und auf welchen Grund hin will Herr Dr. Eich behaupten, daß diese beiden Männer in Bezug auf fraglichen Punkt gewiß ganz unabhängig voneinander gearbeitet hätten?"

Die Antwort ist in unsern obigen Ausführungen enthalten. Weil Spalatin schon im Jahre 1545 gestorben ist und seine Annalen erst 1718 im Druck erschienen sind, Flersheim aber seine Zusätze zu der Zorn'schen Chronik ungefähr in der Zeit von 1590—1604 geschrieben hat; mithin ein Zusammenhang zwischen den Angaben dieser beiden Schriftsteller ganz undenkbar ist.

*Schluß der Hohenreuther'schen Polemik 1859.* Seine Entgegnung in Nr. 127 der Wormser Zeitung vom 9. August 1859 schloß Herr Hohenreuther mit den Worten:

„Dies ein für alle Mal zur Abwehr der Angriffe meines Herrn Gegners und zur Aufklärung der Sachlage."

Wir beleuchteten hierauf in Nr. 118 der Wormser Zeitung vom 11. August 1859 die obigen sechs Einwände und schlossen unsern Artikel mit der nachfolgenden Erklärung:

„Nachdem wir nun die Unhaltbarkeit der erhobenen Einwände nachgewiesen zu haben glauben, wollen auch wir unsrerseits die Acten schließen; der denkende Leser mag sich nun selbst ein Urtheil darüber bilden, welche der sich gegenüberstehenden Ansichten durch die besten Gründe unterstützt ist."

So endigte im August 1859 die von Herrn Hohenreuther damals hervorgerufene Polemik. Die öffentliche Meinung ging über den gescheiterten Versuch, eine seit 1821 unbestritten anerkannte geschichtliche Thatsache in Zweifel zu ziehen, zur Tagesordnung über. Von dem Herrn Gerichtsaccessisten und seinen mislungenen Experimenten auf dem Gebiete der Geschichtsforschung war seitdem nicht weiter mehr die Rede, und die Acten über diesen Gegenstand schienen wirklich auf immer geschlossen; als nach fast vierthalbjährigem Schweigen im December 1862 wieder eine von Herrn Hohenreuther verfaßte, von J. D. Sauerländer in Frankfurt a. M. gedruckte Schrift unter dem Titel erschien: „**Rathhaus oder Bischofshof?** Zur Erledigung der historischen Streitfrage, in welcher dieser beiden Räumlichkeiten Luther zu Worms vor Kaiser und Reich gestanden hat". *Wiederanfang der Hohenreuther'schen Polemik im Dec. 1862.*

Der Ausschuß des Luther-Denkmal-Vereins richtete sofort nach dem Erscheinen dieser Schrift in einem gedruckten Circularschreiben vom 24. December 1862 an die Freunde dieser protestantischen Angelegenheit das Ersuchen: „man möge sich nicht durch diese Hohenreuther'sche Streitschrift, welche auf Bestellung und für Rechnung des Hauses Cornelius Heyl dahier geschrieben und gedruckt worden sei, in seinem Urtheile bestimmen lassen, sondern das Erscheinen der Gegenschrift abwarten, welche wahrscheinlich schon mit dem sechsten Jahresberichte versendet werden könne."

Ehe wir nun zur Beleuchtung des Inhalts dieser Schrift — denn zu widerlegen ist nach den obigen Ausführungen nichts mehr — übergehen, ist es zum Verständnisse dieser eigenthümlichen literarischen Erscheinung nothwendig, die nachstehenden Erläuterungen vorauszuschicken.

Nachdem Professor Rietschel sich so entschieden für den Heyl'schen Garten zur Aufstellung des Denkmals ausgesprochen und denselben in räumlicher Hinsicht sogar für den einzig möglichen Platz erklärt hatte, wenn man nicht etwa durch Niederreißen von Häusern mit unerschwinglichen Kosten einen andern Aufstellungsplatz erst schaffen wolle: hat sich der Ausschuß des Luther-Denkmal-Vereins keine Mühe verdrießen lassen, um in den Besitz dieses für das Luther-Denkmal ganz besonders bedeutungsvollen Gartens, als der historischen Stätte des ehemaligen Bischofshofs, zu gelangen. Am 6. Mai 1861 richtete derselbe an die Eigenthümerin, Frau Cornelius Heyl Wittwe, ein Schreiben, in welchem er sich erbot, ihr entweder einen andern größern Garten zu kaufen und die Gewächshäuser, Gebäulichkeiten u. s. w. in den neuen Garten auf Kosten des Vereins verlegen zu lassen, oder ihr 30,000 Fl. für ihre Besitzung, jedoch mit Ausschluß der Gewächshäuser, zu bezahlen. Als am Ende des Jahres 1861 die in Aussicht gestellte schriftliche Antwort auf dieses Anerbieten noch nicht erfolgt war, legte der Ausschuß, wie es seine Pflicht war, in seinem fünften Jahresberichte, welcher im Anfang des Monats Februar 1862 erschien, den Stand der Platzfrage dar und schloß seinen Bericht mit der Hoffnung, daß die Familie Cornelius Heyl sich doch noch zu dem angesonnenen Opfer entschließen werde, sobald sie die Ueberzeugung gewonnen habe, daß außer diesem Garten ein sonst geeigneter Platz zur Aufstellung des Denkmals innerhalb der Stadt nicht zu finden sei. Das Erscheinen dieses Jahresberichtes hatte die Aufmerksamkeit der evangelischen Christenheit in weiten Kreisen der Lösung dieser Frage zugewendet. Fünfundachtzig Zuschriften von Kirchenbehörden aus fast allen von Protestanten bewohnten Ländern Europas waren im Laufe des vorigen Jahres an den Vereins-Ausschuß gelangt, und hatten die Hoffnung ausgesprochen, es werde den fortgesetzten Bemühungen des Ausschusses gewiß noch gelingen, die historische Stätte zur Aufstellung des Denkmals zu erlangen. In einem Schreiben vom 31. October 1862 wiederholte der Ausschuß unter Berufung auf jene 85 Zuschriften nochmals seine Bitte bei der Eigenthümerin, indessen leider! ohne Erfolg. Nachdem am 19. December vorigen Jahres die Hohenreuther'sche Schrift gleichsam als Vorläuferin der ablehnenden Antwort erschienen war, wurde dem Ausschusse am 23. December 1862 im Namen und Auftrage der Eigenthümerin die definitive Entschließung überbracht, daß sie ihren Garten weder im Ganzen, noch theilweise zur Aufstellung des Denkmals abtreten werde.

Das Luther-Denkmal wird demnach auf die historische Stätte des ehemaligen Bischofshofs nicht zu stehen kommen. Nach so vielen fruchtlosen Bemühungen, dieses schöne Ziel zu erreichen, wurde dem Ausschusse zum Schlusse auch noch die bei der jetzigen Sachlage gänzlich nutzlose Arbeit verursacht, den Hohenreuther'schen Anfechtungen gegenüber die Wahrheit seiner Behauptungen in einer wissenschaftlichen Gegenschrift rechtfertigen zu müssen; denn der Herr Gerichtsaccessist hat sich nicht entblödet, in seiner Schrift dem Ausschusse den Vorwurf zu machen, er habe in seinem fünften Jahresbericht „Geschichte gemacht" und das Publikum bis weit über die Grenzen Deutschlands hinaus „in Aufruhr versetzt", indem er den Hehl'schen Garten irrthümlich für den historischen Platz ausgegeben hätte. Diese Mühe wenigstens hätte man dem Ausschusse, der ohnehin nicht über Mangel an Arbeit zu klagen hat, ersparen können. Wenn man die Entschiedenheit des Willens besaß, sich über die Wünsche und Bitten von Millionen protestantischer Christen rücksichtslos hinwegzusetzen, so hätte man auch die Offenheit haben sollen, dies auszusprechen, ohne seine Zuflucht zu einer käuflichen Feder zu nehmen, welche die Kunst versteht, Geschichte nach dem Wunsche der Auftraggeber zu verfertigen.

Gehen wir nun zur Beleuchtung der Schrift „Rathhaus oder Bischofshof?" über und untersuchen wir, welche neuen Beweise der

Verfasser derselben zur Unterstützung seiner Behauptung: daß Luther nirgends anders als auf dem Bürgerhof vor Kaiser und Reich gestanden, und daß der Hehl'sche Garten der historische Platz durchaus nicht sei, vorgebracht hat.

Nachdem der Herr Gerichtsaccessist, wie wir vorhin nachgewiesen haben, mit seiner Untersuchung über die Räumlichkeit u. s. w. im Jahre 1859 so glänzend Fiasco gemacht hatte, sollte man wohl glauben, er hätte inzwischen wichtige Entdeckungen gemacht, verborgene Quellen aufgefunden, welche die von ihm damals mit so schlechtem Erfolg vertretene Ansicht besser unterstützen und somit das Erscheinen dieser neuesten Schrift zu rechtfertigen geeignet wären. Dem ist jedoch nicht so; Herr Hohenreuther hat zwar ein massenhaftes Material zusammengetragen, eine große Anzahl von Schriftstellern citirt, allein in der ganzen Schrift findet sich nicht ein einziges quellenmäßiges Zeugniß aus dem 16. Jahrhundert, welches mit klaren und bestimmten Worten den Bürgerhof als den Ort bezeichnet, wo Luther's Verhör am 17. und 18. April stattgefunden habe. Er hat überhaupt nichts wesentlich Neues vorgebracht, sondern nur seine frühern Behauptungen, welche bereits eine vollständige Widerlegung gefunden hatten, in sehr breitgetretener Weise wiederholt. Was sich wirklich Neues in dieser Schrift findet, ist weniger geeignet, die Behauptungen unsers Gegners zu beweisen, als vielmehr ein möglichst umfassendes Manuscript zu Staude zu bringen, auf welches sich dann, seinem Herrn Auftraggeber gegenüber, der Anspruch auf ein möglichst hohes Honorar für die gelieferte Arbeit gründen lasse.

Wollte Herr Hohenreuther die seit 1821 von allen Geschichtschreibern ohne Ausnahme anerkannte Thatsache umstoßen, so mußte er neue Quellen anführen, welche die bis jetzt bekannten an Glaubwürdigkeit und Zuverlässigkeit übertreffen. Dies hat er aber nicht gethan; er hat für seine Behauptung nichts aufzuweisen, als immer wieder seine Chronik: Civitatis Vangionum annales collecti von 1740, die natürlich nichts beweist, als daß deren Verfasser die Sage von dem Bürgerhof den beiden andern Sagen, welche ebenfalls im 18. Jahrhundert vorhanden waren, vorgezogen hat. Unser Gegner hat zwar den Versuch gemacht, auch in Luther's Schriften einen Stützpunkt für seine Behauptung zu finden, weil in den Tischreden das „Rathhaus" genannt werde: allein wir haben oben aus dem authentischen Berichte Luther's über die Wormser Verhandlungen ausführlich nachgewiesen, daß unter dem „Rathhaus in des Kaisers Herberge" und dem „Richthaus in des Kaisers Hof" unmöglich ein anderes Local, als der bischöfliche Palast verstanden werden kann, und daß somit Luther's Zeugniß nur für den Bischofshof und nicht für den Bürgerhof spricht. — Dasselbe ist mit Spalatin, Zorn-Flersheim, Goldast und Seckendorf der Fall, die alle für den Bischofshof zeugen, wie wir gleichfalls nachgewiesen haben. Der Brief des Kurfürsten an seinen Bruder, der ebenfalls die Behauptung unsers Gegners unterstützen sollte, hat seine Beweiskraft verloren, nachdem wir in dem Vorhergehenden den Betrug aufgedeckt haben, welchen Herr Hohenreuther mit diesem Brief getrieben hatte.

Zu einer höchst originellen Art von Beweisführung hat unser Gegner diejenigen Schriftsteller benutzt, welche wie Sleidan, Myconius und Gottfried über das Local, in welchem Luther's Sache verhandelt wurde, gänzlich schweigen, und nur erwähnen, daß Luther „vor Kaiserl. Majestät und den Reichsständen" gestanden, oder daß er „in gemeiner Reichsversammlung" sich verantwortet habe. Alle Reichstagssitzungen — so argumentirt der Herr Accessist — wurden jederzeit regelmäßig auf dem Bürgerhof abgehalten. Hätten nun die beiden Sitzungen, in welchen Luther vernommen wurde, ausnahmsweise im Bischofshof stattgefunden, so würden Sleidan, Myconius und Gottfried so wie überhaupt alle übrigen Schriftsteller, welche das Local der Verhandlungen nicht nennen, dieses außergewöhnlichen Umstandes ohne Zweifel erwähnt haben. Das Schweigen der Schriftsteller über diesen Punkt sei daher als ein Beweis zu betrachten, daß Luther's Verhör in einer „regulären"

Reichsversammlung im „gewöhnlichen" Locale stattgefunden habe. Diese Argumentation fällt jedoch in sich selbst zusammen, seitdem erwiesen ist, daß das Abhalten von Reichstagssitzungen in des Kaisers Hof im bischöflichen Palaste keineswegs zu den Seltenheiten gehört. Wir haben oben aus Noltzen's Chronik nachgewiesen, daß Kaiser Maximilian sogar „oft" die Reichsstände zu Berathungen in seinem Hofe, d. h. dem Bischofshofe versammelt hat. Ranke hat aus den Reichstagsacten festgestellt, daß auch Karl V. die Reichsstände zu Sitzungen in „die kaiserliche Herberge" beschieden hat; wenn daher aus dem Schweigen jener Schriftsteller bezüglich des Locals überhaupt etwas gefolgert werden kann, so wäre man wol eher zu der Annahme berechtigt, daß ihnen das Local, in welchem Luther's Verhör stattgefunden hat, ganz gleichgültig war, wie denn auch in der That darauf nichts ankommt; oder daß sie durchaus nichts Auffallendes darin fanden, daß der Kaiser dieses Verhör in seiner Herberge habe vornehmen lassen.

Eine andere, höchst sonderbare Taktik unsers Gegners besteht darin, daß er das ganze Geschütz seiner Dialektik auf einen Punkt gerichtet hat, der nur von sehr untergeordneter Bedeutung ist. Wir hatten nämlich in einem der Artikel, welche wir im August 1859 in der Wormser Zeitung erscheinen ließen, zur Erklärung der Thatsache, daß Luther's Angelegenheit im bischöflichen Palaste verhandelt wurde, die Hypothese aufgestellt: „daß der Kaiser vielleicht durch die päpstlichen Legaten veranlaßt worden sei, Luther's Verhör getrennt von den politischen Verhandlungen der Reichsversammlung vorzunehmen, und daß er vielleicht aus diesem Grunde die Sitzungen des Reichsraths am 17. und 18. April in seiner Herberge im Bischofshof abgehalten habe." Damals hatten wir die Beweise noch nicht aufgefunden, daß das Abhalten jener beiden Sitzungen in des Kaisers Herberge keineswegs eine in der Geschichte der Wormser Reichstage vereinzelt dastehende Thatsache ist, und daß die Kaiser sogar öfter früher schon und auch später bei andern Veranlassungen Reichsversammlungen in dem bischöflichen Palaste abgehalten haben. Gegen diese Hypothese hat nun Herr Hohenreuther mit einem Eifer angekämpft, als ob mit der Anerkennung oder Verwerfung derselben die Thatsache selbst, daß das Verhör in des Kaisers Herberge stattgefunden, stehen oder fallen müsse; denn der beständige Refrain seiner Ausführungen auf fast jedem Blatte seiner Schrift ist: „er könne nirgends einen Beleg für die Behauptung finden, daß der Kaiser durch die päpstlichen Legaten sich habe bestimmen lassen, Luther's Sache getrennt von den übrigen Verhandlungen in einem außergewöhnlichen Locale vorzunehmen." Nachdem sich nun aber inzwischen herausgestellt hat, daß nicht allein Karl V., sondern auch die frühern Kaiser öfter Reichsversammlungen in ihrer Wohnung im bischöflichen Palaste abgehalten haben, hat unsere Hypothese vom Jahre 1859 Bedeutung und Zweck gänzlich verloren. Der Kaiser hat das Verhör Luther's am 17. und 18. April in seiner Herberge in des Bischofs Hof vorgenommen; das ist eine erwiesene Thatsache. Ob er nun von den päpstlichen Legaten dazu bestimmt wurde, oder ob er aus eigener höchster Machtvollkommenheit für gut gefunden hat, es zu thun, kann uns gleichgültig sein. Mag daher unser Gegner seinen Windmühlenkampf gegen jene Hypothese fortsetzen, so lange es ihm beliebt: die Thatsache wird unerschüttert stehen bleiben, daß Luther's Verhör vor der Reichsversammlung nirgends anders als in des Kaisers Hof im bischöflichen Palaste stattgefunden hat.

Wir könnten hier die Feder niederlegen und unsere Arbeit als beendigt betrachten; denn die neuen Entdeckungen, die Herr Hohenreuther seit 1859 gemacht und in seiner Schrift niedergelegt hat, sind so unerheblich, daß es sich wirklich nicht der Mühe verlohnt, sich damit zu beschäftigen.

Der auf Seite 1 erwähnte Artikel der Gartenlaube, betitelt: „Der Luthersaal in Worms", berührt uns nicht; wir haben denselben nicht zu vertreten. Wenn ein mit den geschichtlich merkwürdigen Localitäten unserer Stadt wenig oder gar nicht vertrauter Schriftsteller die von Pet. Hamann dargestellte Kaiserstuben aus dem Bürgerhof in den Bischofshof verlegt und dieselbe „Luthersaal" genannt hat, so ist dies jedenfalls ein Verstoß gegen die historische Wahrheit. Was aber dieser Artikel in Bezug auf unsere Frage beweisen soll, vermögen wir nicht abzusehen.

Daß Herr Hohenreuther auf Seite 8 seiner Schrift den eigenhändig geschriebenen Bescheid, welchen der Kaiser am 19. April in die Reichsversammlung schickte, und über welchen der Reichsrath am 19. April nachmittags und den ganzen folgenden Tag am 20. April berathschlagte, mit dem vom päpstlichen Legaten Aleander verfaßten, von den Reichsständen am 25. Mai im bischöflichen Palaste genehmigten und von dem Kaiser am Sonntag den 26. Mai während des Gottesdienstes im Dom*) unterzeichneten Edict verwechselt, beweist weiter nichts, als daß Herr Hohenreuther mit dem Gegenstande, über den er zu schreiben übernommen hat, nicht gehörig vertraut ist.

Daß der „Rheinische Antiquarius" auf Seite 9 der Hohenreuther'schen Schrift beweisen soll: „das sogenannte Bürgerhaus (also Rathhaus) sei der Ort, wo Lutherus vor dem Kaiser erschien", ist unrichtig; der Rheinische Antiquarius auf Seite 485 der alten und auf Seite 532 der neuen Auflage sagt genau Folgendes: „Die Dreifaltigkeitskirche stehet auf dem Markte, auf dem Platze, wo das alte Rathhaus gestanden hat, welches eben der Ort ist, wo Dr. Martin Luther im Jahr 1521 sein öffentliches Glaubensbekenntniß abgelegt hat". Dies beweist also weiter nichts, als daß der Verfasser des Rheinischen Antiquarius die Sage von dem Ort, auf welchem die Dreifaltigkeitskirche steht, zwar kannte, aber doch nur sehr unvollkommen, denn auf dem Platze, wo die Dreifaltigkeitskirche steht, befand sich die Münze oder das neue Rathhaus und nicht das „alte" Rathhaus, wie in der obigen Stelle angegeben ist.

Daß die „Ansicht", welche Superintendent Nonnweiler in Mainz und Dr. Karbach in Mannheim bei Gelegenheit der Erin-

---

*) Ranke, „Deutsche Geschichte im Zeitalter der Reformation", 1, 388.

nerungsfeier von 1821 zu erkennen gaben, keine historische Beweiskraft haben könne, wurde oben bereits nachgewiesen.

Dasselbe gilt von den Reden, welche am Einweihungstage der
Dreifaltigkeitskirche am 31. Juli 1725 gehalten und unter dem Titel
„Wormsisches Denkmal" veröffentlicht wurden. Daß auch diese
Reden, welche Herr Hohenreuther auf Seite 15 seiner Schrift als
Beweismittel für seine Behauptung angezogen hat, nichts beweisen,
wurde gleichfalls oben schon dargethan.

Dies sind die „neuen" Entdeckungen, welche Herr Hohenreuther seit seiner ersten literarischen Thätigkeit im Jahre 1859 in
Betreff dieser Frage gemacht und in seiner neuesten Schrift „Rathhaus oder Bischofshof" zum Besten gegeben hat. Ob dieser an
und für sich ganz werthlose Fund die Herausgabe einer neuen Schrift
motiviren konnte, darüber mögen die Leser selbst entscheiden.

Wir haben unsere Aufgabe nun zu Ende geführt und hoffen
durch unsern quellenmäßigen Nachweis die geschichtliche Thatsache,
daß Luther's Verhör am 17. und 18. April 1521 wirklich
nirgends anders, als in des Kaisers Hof im bischöflichen
Palaste und nicht auf dem Bürgerhof stattgefunden hat,
gegen weitere Anfechtungen für alle Folgezeit sicher gestellt zu haben.

An welcher Stelle nun auch das Luther-Denkmal, nachdem ihm
die Stätte, auf welche es wenigstens ein geschichtliches Anrecht hatte,
versagt wurde, schließlich noch Aufnahme finden mag: die Thatsache wird der Beschauer des Denkmals noch nach Jahrhunderten
auf den Blättern der Geschichte aufgezeichnet finden, daß der heutige
Heyl'sche Garten der historische Boden ist, auf welchem Luther
in Worms sein weltbewegendes Wort gesprochen, und daß das Co-
mité ursprünglich auch die Absicht hatte, das Denkmal nach dem
Antrage Rietschel's auf diesem Platze aufzustellen, um die durch eine
so große weltgeschichtliche Erinnerung geweihte Stätte auf immer der
Vergessenheit zu entreißen.

# Nachtrag.

1) Schreiben des Herrn Professor Dr. W. Arnold in Basel.

**Hochverehrter Herr Doctor!**

Ihr Schreiben vom 29. December v. J. sammt den beiliegenden Drucksachen habe ich seiner Zeit richtig erhalten und bitte um Entschuldigung, wenn ich jetzt erst darauf antworte. Aber ich bin in diesem Winter so mit Arbeiten aller Art überhäuft, daß ich früher nicht dazu kommen konnte. Im Folgenden beehre ich mich, einige kurze Bemerkungen zu der sogenannten Streitfrage zu machen, die Sie beliebig benutzen und verbreiten mögen. Zu einem ausführlichen Gutachten würde ich erst in den nächsten Osterferien Zeit gewinnen. Was ich etwa thue, thun kann, geschieht lediglich aus Liebe zu der Stadt Worms, die mir ihre Archive geöffnet hat und der ich zeitlebens von Herzen zugethan bleibe.

Die historische Frage reducirt sich einfach darauf: sollen wir zwei glaubwürdigen Zeugnissen, die beide beinahe gleichzeitig sind, oder einem unverbürgten Gerücht, das nur in bedeutend spätern Urkunden überliefert ist, den Vorzug geben? Folgen wir den gewöhnlichsten Regeln der Kritik, so müssen wir den erstern folgen und mindestens als höchst wahrscheinlich annehmen, daß Luther auf der bischöflichen Pfalz, nicht auf dem Bürgerhof, die denkwürdigen Worte gesprochen hat. . . . . . .

Gewiß, man war damals ebenso förmlich als jetzt, und ohne erhebliche Gründe ist es eine Ungereimtheit, zu glauben, man sei willkürlich von den vorgeschriebenen Formen der Sitte und des Rechts abgewichen. Eine solche Willkür wäre es gewesen, wenn man Luther im Bürgerhof verhört hätte. Denn fragen wir, wer war denn eigentlich befugt und competent, über Luther zu richten, der Kaiser oder die Stände? Stand Luther vor Kaiser und Reich, oder vor Reich und Kaiser? Mußten die Stände zum Kaiser, oder der Kaiser zu den Ständen kommen?

Es gehörte mit zu den ältesten Rechten und Pflichten des Kaisers, den christlichen Glauben zu schützen, der Kirche den weltlichen Arm zu leihen und excommunicirte Ketzer auch in die Reichsacht zu erklären. In dieses an und für sich rein kaiserliche Amt hatten die Stände nichts drein zu reden. Es wäre nicht das erste mal gewesen, wenn der Kaiser von seiner Machtvollkommenheit Gebrauch gemacht und Luther als einen Ketzer hätte verbrennen lassen. So hatte einst Friedrich Barbarossa gegen Arnold von Brescia gehandelt, so opferte Sigismund Huß zu Constanz hin, so war auch der spanische Karl, nachdem er mit Leo X. über die Fragen der großen Politik handelseinig geworden war, nicht übel willens, Luther preis zu geben, ohne besonderes Verhör, einfach auf die päpstliche Verdammung gestützt, wenn ihn nicht eben die Stände daran gehindert hätten. Von Gott und Rechts wegen wäre er vollständig dazu befugt gewesen und kein Mensch hätte darin einen Eingriff in die ständischen Rechte erblicken können. Umgekehrt wurde das formelle Recht der frühern Zeit infolge der ständischen Einmischung gerade verlassen, wie es denn in dem ersten Edictsentwurf ausdrücklich hieß: — „ine darum die pabstlich Hehligkeit für einen offenbaren Ketzer erclärt und verdammt hat und deßhalben inen weiter zu hören nit not noch gebürlich ist", Aber die Macht der Stände war inzwischen eine andere geworden als zu Kaiser Friedrich's oder Sigismund's Zeit, ohne die Stände, d. h. vor allem die Fürsten, konnte factisch der Kaiser nichts thun, und so blieb ja auch, wie wir wissen, das später ausgefertigte Edict unwirksam, weil es die Stände nicht vollzogen. Das Luther vor der Verurtheilung gestattete Verhör war also schon eine Concession, die der Kaiser machen mußte; ehe er die Acht folgen ließ, sollte er noch einmal den Mönch vor sein kaiserliches Gericht fordern und ihn zum Widerruf bewegen lassen, eine gewaltige Begünstigung, die dem vom Papst bereits Verurtheilten widerfuhr und die gegen die bisherige Gewohnheit ganz verstieß. Das eben war die unendliche Bedeutung der Ereignisse und insbesondere des Wormser Reichstags, daß die Fesseln gesprengt wurden, die bis dahin Kirche und Reich miteinander verketteten, der Bann sich löste, der den Kaiser zum Vollstrecker der päpstlichen Verdammungsbullen machte. Da ist denn doch sicherlich nicht daran zu denken, daß der Kaiser, indem er das Verhör bewilligte, zugleich seine Gerichtsbarkeit an die Stände übertragen und Luther vor den Reichstag gestellt hätte. Denn er als Kaiser, nicht die Stände, war Inhaber der höchsten Gerichtsbarkeit im Reich. Und wenn neben dem Kaiser in dem Verfahren gegen Luther, wie gleich in dem kaiserlichen Vorladungsschreiben, immer auch die Stände genannt werden, so treten sie doch nur als Beirath des Kaisers auf, nicht kraft eigenen Rechts, wie in den zur eigentlichen Competenz des Reichstags gehörigen Dingen, Reichsregiment, Kammergericht, Matrikel u. s. f., wo Kaiser und Reich als beide selbstberechtigt sich gegenüberstehen. Deshalb wurde denn auch das Urtheil über Luther nicht in dem Reichsabschied, sondern in einem besondern kaiserlichen Edict ausgesprochen.

Ist nun nach dem Allen nicht höchst wahrscheinlich, nicht historisch gewiß, soweit wir eine historische Gewißheit haben können, daß das Verhör vor dem Kaiser, als oberstem Gerichtsherrn, also auch in seinem Saal, nicht vor dem Reichstag im Bürgerhof Statt gefunden habe? — Wir dürfen die Entscheidung darüber unbedenklich jedem Unparteiischen freistellen, denen, die sich durch Beweise nicht überzeugen lassen, wollen wir es anheimgeben, bei dem Unwahrscheinlichen, dem Unglaublichen stehen zu bleiben . . . . . . . . .

Doch kommen wir schließlich noch einmal auf die beiden unverdächtigen Zeugnisse zurück, die übereinstimmend berichten, Luther sei zum Verhör auf die Pfalz oder den Bischofshof „wo Kaiserl. Majestät lagen" geführt worden. Es sind Spalatin's Annalen und die Zorn-Flersheim'sche Chronik. Spalatin war im Gefolge des Kurfürsten von Sachsen selbst auf dem Reichstag in Worms anwesend. Seine Annalen sind zwar erst zu Anfang des vorigen Jahrhunderts im Druck herausgegeben worden, wenn ich nicht irre, in Leipzig 1718, bis dahin aber von allen Kirchenhistorikern als unzweifelhaft echt gehalten worden. Und daß die Herausgeber Tenzel und Cyprian den Text gefälscht haben sollten, dafür läßt sich auch nicht der mindeste Grund denken, zumal bei einer Angabe, die damals für niemand Werth haben konnte. Es ist gewiß ein sonderbares kritisches Motiv, die Echtheit der Annalen anzuzweifeln oder nur ihre Glaubwürdigkeit zu verdächtigen, weil sie etwa anderthalb Jahrhunderte früher geschrieben als gedruckt wurden. Mit diesem Argument ließe sich zuletzt die Echtheit aller Schriften, zwischen deren Abfassung und Herausgabe im Druck ein längerer Zeitraum in der Mitte liegt, anzweifeln. Im 16. Jahrhundert aber wurde noch vieles geschrieben, wobei man überhaupt nicht daran dachte, es durch den Druck weiter zu verbreiten; die alte Art der Verbreitung durch Abschriften dauerte namentlich bei Chroniken und Aufzeichnungen ähnlicher Art vorerst noch unverändert fort. Auch aus einzelnen Irrthümern Spalatin's möchte schwerlich die Unzuverläßigkeit Spalatin's überhaupt dargethan werden können. Irren ist menschlich, und es dürfte kaum irgendeine ausführlichere Geschichtsquelle geben, die absolut frei von Irrthümern wäre. Darum prüft man eben nicht blos den Werth einer solchen in Bausch und Bogen, sondern auch die Glaubwürdigkeit jeder einzelnen Angabe für sich. Der allgemeine Schluß aber, weil jemand im einen Fall geirrt hat, muß er auch im andern irren, ist kein logischer.

Nun der zweite Zeuge, Franz Berthold von Flersheim, der, ein jüngerer Zeitgenosse des Wormser Stadtrectors Zorn, dessen um 1570 verfaßte Chronik erweiterte und fortsetzte. Auch Flersheim war localkundig. Seine Familie besaß, wie wir aus Schannat wissen, bischöfliche Lehen. Ich habe die Chronik mit den Zusätzen Flersheim's 1857 in der Bibliothek des literarischen Vereins herausgegeben und die Zusätze, die sich nach den verschiedenen Handschriften leicht erkennen ließen, in Klammern geschlossen. Von den Handschriften, deren ich acht miteinander vergleichen konnte, rührt eine wahrscheinlich von Zorn selbst her, eine andere scheint dem erweiterten Original Flersheim's wenigstens sehr nahe zu stehen. Die Zorn'schen Handschriften haben über den Reichstag und das Auftreten Luther's nur eine ganz kurze Notiz; die Flersheim'schen, wovon die ältern 30 Jahre jünger sind, eine etwas ausführlichere mit der bestimmten Angabe: „hat kaiſ. Maÿ. b. Martinum für sich, die kurfürsten, fürsten und stände des reichs laßen um 4 uhren nachmittag erfordern in des Bischofshof, darin k. M. und ihr bruder, erzherzog Ferdinandus zur herberg lagen" (S. 254). Allerdings, ein Augenzeuge war Flersheim nicht, so wenig wie Zorn, dagegen konnte er, wenn sein Vater 1525 die bischöflichen Lehen erhielt, wol seine Nachricht noch von Augenzeugen haben. Zorn, der 1570 schrieb, fand es überflüssig, den Ort des Verhörs anzugeben, weil damals natürlich noch eine Menge von Leuten lebten, die dabei gewesen waren; ein Menschenalter später war dies nicht mehr der Fall, und deshalb setzt Flersheim, der sich überall als zuverlässiger Gewährsmann in der Chronik zu erkennen gibt, den Ort hinzu. Wahrscheinlich begannen schon damals Zweifel aufzusteigen, ob Luther auf dem Rathhaus oder der bischöflichen Pfalz verhört worden sei; und namentlich scheint der gemeine Mann, der wußte, daß die Reichstage auf dem Rathhaus gehalten wurden und das Erscheinen Luther's sehr natürlich mit dem Reichstag in Verbindung brachte, geneigt gewesen zu sein, das Rathhaus für den Ort des Verhörs zu halten. Das ist so eine von den gewöhnlichen landläufigen und vulgären Traditionen, die sich allerwärts finden, juristisch gesprochen ein vages Gerücht. Bezeugt ist das Gerücht aus dem 16. Jahrhundert noch gar nicht, erst eine jüngere Zorn-Flersheim'sche Handschrift hat den weitern Zusatz: „nicht auf dem Bürgerhof, wie der gemeine Mann meint." Daß nun aber das Gerücht trotzdem sich erhielt, zu einer förmlichen Tradition wurde, die 1709 sogar auf einer Denkmünze Ausdruck fand, ist natürlich, wenn wir uns erinnern, daß die Chronik immer nur in wenigen Exemplaren verbreitet war, während die mündliche Rede von Mund zu Mund ging. So wenig die Denkmünze von 1709 etwas beweist, so wenig beweist eine vom Verfasser der Gegenschrift angezogene handschriftliche Chronik aus dem Anfang des vorigen Jahrhunderts, die ebenfalls das Rathhaus oder den Bürgerhof nennt, mehr als daß die Tradition fortwährend geglaubt wurde. Nachdem die bischöfliche Pfalz im 17. Jahrhundert zerstört worden war, mußte man doch einen Ort haben, an den sich das Auftreten Luther's anknüpfen ließ, und was war da natürlicher, als daß der Bürger von Worms sich an sein Rathhaus hielt? Ja wenn man Anno 1521 gleich gewußt hätte, was für eine gewaltige Bedeutung das Auftreten Luther's für alle Zukunft behalten würde, hätte man ohne Zweifel den Ort des Verhörs sich fester eingeprägt, und es würde dann vermuthlich das irrige Gerücht nie haben entstehen können. Aber in einer Stadt wie Worms, wo von 1495—1521 fast alle paar Jahre Reichstage oder große Versammlungen Statt fanden, wo man an Schaustücke der verschiedensten Art, Turniere, Fastnachtsschwänke und dergleichen gewöhnt war, war vorläufig auch das Auftreten Luther's nichts weiter als ein Schaustück für die Menge. Da wird es leicht begreiflich, daß hundert Jahre später gefragt werden konnte, wo denn Luther vor Kaiser und Reich gestanden habe : . . . . . . .

Es wäre eine höchst auffallende Uebereinstimmung, wenn Spalatin, der Augenzeuge von 1521, und Flersheim, der Geschichts- und Localkundige von Worms, die doch beide gar nicht von einander wußten als sie schrieben, wirklich geirrt haben sollten. Denn die Annalen Spalatin's wurden herausgegeben, als Zorn noch ungedruckt war, und Flersheim schrieb seine Zusätze zu Zorn, als man umgekehrt an Spalatin noch nicht dachte. Anzweifeln mag man die beiden glaubwürdigen Zeugen immerhin soviel man will, einen vernünftigen Grund des Zweifels wird man vergebens sich abmühen zu finden. Es bleibt dabei, so historisch gewiß irgendetwas sein kann, so gewiß ist die Thatsache, daß Luther nicht in dem Bürgerhofe, sondern in dem Bischofshofe vor Kaiser und Reich stand.

Man möchte fast verdrießlich werden, so viel über ein einfaches geschichtliches Factum, das sich nach den gewöhnlichsten Regeln der Kritik erledigt, schreiben zu müssen, und der Leser wird vielleicht noch verdrießlicher, mit einer so langen Schreiberei ermüdet zu werden. Weshalb denn eigentlich die Zweifel? Weil die Besitzerin des Hehl'schen Gartens den Platz für das Denkmal nicht hergeben will, und sich für Geld und gute Worte ein Schriftsteller hat finden lassen, der einen andern Platz als den rechten nachweisen möchte. „So macht man Geschichte", rufen wir mit dem Verfasser der Schrift: „Rathhaus oder Bischofshof?" aus. Es ist beinahe komisch, wie der Handel mit geistigen Dingen noch den Schatten Luther's verfolgt. Der Ablaßkram rief die Reformation hervor, und eine bezahlte Kritik will ihm den Platz zu seinem Denkmal streitig machen!

Damit schließe ich meinen Brief und wünsche nur, daß derselbe irgendetwas zu Gunsten Ihres Werks nützen mag.

In den Gesinnungen vorzüglicher Hochachtung

Ihr

ergebenster

Basel, am 19. Januar 1863.   Wilhelm Arnold.

2) Schreiben des Herrn Professor Leop. Ranke in Berlin.

Hochgeehrter Herr Doctor!

Ich wundere mich nicht, daß die Frage: „Ob Rathhaus oder Bischofshof?" bei Ihnen aufgeworfen worden ist. Auch mir fiel es bei Abfassung meines Buches schon auf, daß in dem deutschen Bericht, der sich in der Sammlung der lutherischen Werke befindet, im Widerspruch mit dem Zusammenhange des Vorgangs das „Rathhaus" erwähnt wird. Ihre freundliche Anfrage hat mich veranlaßt, die Sache nochmals zu untersuchen.

Ich bin dabei auf die Urquellen aller spätern Berichte, die

„Acta Lutheri Wormaciae", die in dem zweiten Bande der lateinischen Werke Luther's vorliegen, zurückgegangen und habe mich überzeugt, daß der deutsche Bericht eine Uebersetzung der lateinischen Urkunde ist, leider eine sehr flüchtige und fahrläſſige, wie das bei den Uebersetzungen lateinischer Werke Luther's überhaupt nicht selten ist.

Da ich fürchte, daß Sie in Worms kein Exemplar der lateinischen Sammlung zur Hand haben, so lege ich Ihnen die Stellen, auf die es ankommt, in Abschrift bei.

In der Nr. 2 bezeichneten Stelle heißt es: „daß Luther durch den Garten des Deutschen Hofes nach der Wohnung des Pfalzgrafen geführt worden sei, um nicht von der Menge belästigt zu werden, die sich auf dem Wege zu des Kaisers Wohnung angesammelt hatte. (Et ne quid a turba pateretur quae in justo ad Caesaream domum itinere magna fuit per gradus quosdam abditos in auditorium deductus est.) Vom „Rathhaus" kein Wort. Woher kommt dies aber in den deutschen Text? Es ist offenbar eine falsche Uebersetzung des lateinischen Wortes auditorium, wovon man sich sofort überzeugt, wenn man die beiden Texte nebeneinander stellt. Der Uebersetzer scheint keinen Begriff von dem Vorgang oder von der Localität gehabt zu haben. Die Erwähnung des Rathhauses rührt also nur von einer flüchtigen Willkürlichkeit des Uebersetzers her. In der ursprünglichen und authentischen Relation ist davon keine Spur.

Weiter heißt es in der Stelle Nr. 3, daß Luther zum zweiten, dem eigentlich historisch bedeutenden Verhör, nach dem Hofe des Kaisers (in Curiam Caesaris) geführt, und in Nr. 4, daß er beim Weggehen von den Spaniern verspottet worden sei (discedens a Caesarea Majestate et tribunali). Daraus macht der sehr unverständige Uebersetzer, „da er von Kaiserlicher Majestät aus dem Richthause wegging", sodaß wirklich jemand auf den Gedanken kommen konnte, als sei da noch eine dritte Localität gemeint. Aber die Vergleichung der Texte zeigt, daß er damit nur das Wort tribunal zu übersetzen meinte; dieses aber bedeutet nichts anderes, als die um den Kaiser vereinigte Versammlung der Fürsten, welche über den

Angeklagten richten sollte. Auch das weggelassene Wörtchen et ist hier wesentlich.

Damit stimmt nun die Erzählung Spalatin's, welcher zugegen war, überein. Alle spätern Zeugnisse ermangeln der beweisenden Kraft; auch Goldast's, der nur eben die Acta zu wiederholen scheint.

Mir bleibt kein Zweifel übrig, daß die große Scene, eine der größten in der deutschen und selbst in der Universalgeschichte, **in den Räumen des bischöflichen Palastes** vorgefallen ist. Es wäre schade, wenn das Monument nicht eben an diesem Platze aufgerichtet würde.

Ich füge nur noch hinzu, daß die Motive, weshalb man, nach einer bei Ihnen aufgestellten Meinung, Luther eben in dem bischöflichen Palast gehört haben soll, mir weniger plausibel scheinen. Er war damals die Residenz des Kaisers, das ist genug. Die Thatsache selbst steht nach meinem Dafürhalten unerschütterlich fest.

Ich habe nichts dagegen, daß Sie, wenn Sie es für angemessen halten, diesen Brief oder seinen Inhalt öffentlich mittheilen. Ich sehe mich zwar ungern in Streitigkeiten des Tages verwickelt; aber die Wahrheit der Thatsache in einer zwar nicht bedeutenden, aber interessanten Frage festzustellen oder wenigstens nach Kräften dazu beizutragen, steht mir doch noch höher.

Mit den besten Wünschen für den Fortgang Ihres schönen nationalen Unternehmens und dem Ausdruck vollkommener Hochachtung

Berlin, den 13. Februar 1863.      L. Ranke.

Süd.     Nord.

............ *Gerader Weg des Weges, auf welchem Luther aus seiner Stadt von Lutheten der Rhodiser durch Häuser und ver Kaisers Herberge der Wohnung des Kaisers (ad Caesaream num) geführt wurde.*

1. Bis(er fünf Monate residirte,
2. Bür
3. Mü
4. Gas
5. Hof *Ordenshaus genannt, heute*
6. Gar